Frank Maibaum

Verena Schmidt

Das Traubuch

Der praktische Ratgeber

für die kirchliche Hochzeit

W0192372

J. F. Steinkopf Verlag

Achte, komplett erneuerte Auflage 2017

ISBN 978-3-7984-0834-0

Cover: Ruth Freytag – Kommunikation und Design, Lüneburg

© J. F. Steinkopf Verlag GmbH, Kiel 2017

INHALT

Vorwort

Manchmal erleben wir Hochzeitsgottesdienste, die ein richtiges Fest sind: Das sind die Gottesdienste, bei denen sich viele Menschen beteiligen. Sie helfen, die Kirche zu schmücken, gestalten das Liedblatt, lesen Texte, singen freudig mit, tragen gute Wünsche für das Traupaar vor und vieles mehr.

Doch oft sind die Gottesdienste anders: Der Küster oder die Küsterin hat in der Kirche schon alles vorbereitet. Der Pfarrer bzw. die Pfarrerin gestaltet den Gottesdienst allein. Die Hochzeitsgesellschaft schaut zwar gespannt, was vorne am Altar geschieht; aber der Gesang ist schwach und die Gebete und Bibeltexte rauschen mehr vorbei, als dass sie die Menschen berühren.

Das Fest beginnt dann erst danach – nach dem Gottesdienst. „Schön war der Gottesdienst", hört man zwar, aber erst beim Fest blühen die Menschen richtig auf. Hier wird gesungen und gelacht, gedichtet, vorgetragen, gewünscht, getanzt. Hier herrscht Freude, hier ist man kreativ, spontan, gelöst – hier feiert man wirklich.

Damit Ihr Hochzeitsfest schon im Gottesdienst beginnt, haben wir dieses Buch geschrieben. Geben Sie als Brautpaar Ihren Verwandten und Ihrem Freundeskreis die Möglichkeit, bei der Vorbereitung und der Gestaltung des Gottesdienstes mitzuwirken. Das ist keine zusätzliche Belastung für Sie – im Gegenteil, viele Entscheidungen und Aufgaben, die Sie sonst allein bewältigen müssen, können Ihnen abgenommen werden. Der Hochzeitsgottesdienst kann zum „Ereignis" werden, das die Menschen bewegt, anrührt und in die anschließende Feier hineinwirkt.

Wir geben viele Beispiele zur Beteiligung und Gestaltung – suchen Sie die Ideen aus, von denen Sie meinen, dass sie zu Ihrer Situation passen. Es genügt, wenn Ihre Verwandten, Freunde, Bekannten zwei bis drei Elemente des Hochzeitsgottesdienstes gestalten. Besprechen Sie Ihre Wünsche und Ideen mit dem Pfarrer bzw. der Pfarrerin, bevor Sie sich festlegen.

Unser Paar im Buch heißt Inga und Michael – setzen Sie Ihre Namen dafür ein.

Die Vorschläge für Lieder entnehmen wir in erster Linie den Kirchengesangbüchern, also dem katholischen „Gotteslob" (GL) und dem „Evangelischen Gesangbuch" (EG). Sind keine Liednummern angegeben, so stehen sie unter verschiedenen Nummern in den Landeskirchlichen Liederteilen bzw. den Eigenteilen der Bistümer.

Viel Freude bei der Vorbereitung und ein unvergessliches Hochzeitsfest wünschen Ihnen

Frank Maibaum und Verena Schmidt

I. VORBEREITUNG

Die Vorbereitungen zur Hochzeit beginnen meist schon frühzeitig. Kaum eine andere Feier wird derart langfristig geplant. In früheren Zeiten war die Vorbereitung einer Hochzeitsfeier, einschließlich des Traugottesdienstes, eindeutig Aufgabe der Verwandten und des Freundeskreises. Wir wollen an diese Tradition anknüpfen. Die Vielfalt der Aufgaben, die diese Feier mit sich bringt, kann schon früh auf viele Schultern verteilt werden. Das entlastet Sie als Brautleute nicht nur – es garantiert, dass der Tag der Trauung lebendiger und vielfältiger wird. Außerdem erleben Ihre Gäste den Gottesdienst und die anschließende Feier nicht nur als Zuschauer, sondern als wirklich Beteiligte, die ihre Wünsche und Hoffnungen, ihre Freundschaft und Verbundenheit aktiv einbringen. So wird Ihre Trauung ein unvergessliches Fest der Liebe.

Eine Checkliste

Eine Checkliste hilft, den Überblick zu behalten. Die folgenden Stichpunkte sollten auf Ihrer Erledigungsliste stehen. Im Verlauf dieses Buches werden wir die Punkte erläutern. Sie werden zudem auf weitere für Sie wichtige Einzelheiten stoßen. – Ergänzen Sie Ihre Liste selbst.

Punkte für die Checkliste:

✓ In welcher Kirche soll der Gottesdienst gefeiert werden?
✓ Wie erreichen wir das Pfarrbüro, den Pfarrer bzw. die Pfarrerin?
✓ Wie erreichen wir den Organisten bzw. die Organistin?
✓ Wie erreichen wir den Küster/die Küsterin?
✓ Welche Personen werden Trauzeugen sein?
✓ Wer gestaltet mit uns zusammen die Einladung?
✓ Welche Lieder sollen gesungen werden?

✓ Wer gestaltet das Programmheft?

✓ Wer kann als Solist (Gesang oder Instrumentalmusik) auftreten?

✓ Ist Fotografieren und Filmen im Gottesdienst möglich?

✓ Wer wird fotografieren oder filmen?

✓ Ist das Streuen von Reis oder Blumen in und vor der Kirche erlaubt?

✓ Gibt es Kinder, die beim Einzug als „Engelchen" vorangehen?

✓ Welchen Trauspruch wählen wir?

✓ Welche Personen aus unserem Freundeskreis lesen Texte?

✓ Welche biblischen Texte sollen gelesen werden?

✓ Welche anderen Texte (Gedichte oder Erzählungen) würden wir gerne im Gottesdienst hören?

✓ Was ist uns wichtig für die Predigt?

✓ Welche Trauformel möchten wir sprechen?

✓ Haben wir Texte für die Kyrierufe am Anfang?

✓ Wer formuliert und liest die Fürbitten?

✓ An wen wollen wir in den Fürbitten besonders denken?

✓ Soll der Gottesdienst mit Abendmahl gefeiert werden?

✓ Für welchen Zweck soll das Dankopfer (die Kollekte) sein?

✓ Wer hilft beim Ausschmücken der Kirche?

Soll es eine ökumenische Trauung sein?

Gehören Sie unterschiedlichen christlichen Kirchen an, stehen Sie vor der Entscheidung, ob Sie die Trauung ökumenisch feiern möchten. Eine ökumenische Trauung ist entweder eine evangelische Trauung (in der evangelischen Kirche) unter Beteiligung eines katholischen Pfarrers oder eine katholische Trauung (in der katholischen Kirche) unter Beteiligung eines evangelischen Pfarrers bzw. einer Pfarrerin. Der korrekte kirchliche Begriff dafür ist „gemeinsame kirchliche Trauung". Wir benutzen hier dennoch die Bezeichnung „ökumenisch", weil diese bekannt ist und den berechtigten Wunsch danach ausdrückt, dass bei dieser gemeinsamen Feier die kirchenrechtlichen Grenzen keine Rolle spielen.

Paare mit unterschiedlichen Konfessionen sollten die Möglichkeit einer ökumenischen Trauung nutzen. Sie ist ein starkes Zeichen religiöser Gemeinschaft in einer zerrissenen Welt – auch ein Zeichen der Offenheit und Aufgeschlossenheit der anderen Konfession gegenüber. Diese Form der Trauung ermöglicht es zudem, Texte und Riten beider Konfessionen zu verbinden.

Sollten Sie sich, obwohl Sie unterschiedlichen Konfessionen angehören, für einen rein evangelischen Hochzeitsgottesdienst entscheiden, empfiehlt es sich, vorher im katholischen Pfarramt die „Dispens von der Formpflicht" zu beantragen – das ist die Befreiung davon, dass ein katholischer Geistlicher beteiligt wird. Ihre Trauung wird dann auch nach katholischem Kirchenrecht anerkannt.

Die Trauung anmelden

Im Standesamt können Sie die Trauung erst sechs Monate vor dem Termin verbindlich anmelden. Dennoch lassen Sie Ihren Wunschtermin schon viel früher im Pfarramt Ihrer Kirchengemeinde vormerken. Diese erste Kontaktaufnahme kann telefonisch bereits ein Jahr vor dem Hochzeitstermin erfolgen. Wenn der standesamtliche Termin dann sicher ist, bestätigen Sie den Termin bei Ihrem Pfarramt.

Das eigentliche Traugespräch und die Aufnahme Ihrer persönlichen Daten geschehen dann später. Dazu vereinbaren Sie mit dem Pfarrer bzw. der Pfarrerin ein Gespräch.

Sich den Kirchsaal vertraut machen

Besichtigen Sie den Kirchsaal schon Wochen vorher, falls er Ihnen noch nicht vertraut ist. Nehmen Sie an einem Gemeindegottesdienst oder einer besonderen Feierlichkeit teil. Lernen Sie so den Raum und die Personen kennen, die mit Ihnen Ihr Fest gestalten werden.

Über die Geschichte der Kirche und über Kerzen, Bilder, Tücher, Kunstgegenstände lassen sich aufschlussreiche Informationen einholen. Fragen Sie danach! Davon können Sie beim Hochzeitsfest auch Ihren Gästen erzählen.

Besondere Wünsche frühzeitig klären

Auch mit der Küsterin/dem Küster und der Organistin/dem Organisten sollten Sie schon einige Monate vor Ihrer Trauung über eventuelle „Sonderwünsche" bezüglich der Ausgestaltung der Kirche und der musikalischen Gestaltung des Gottesdienstes sprechen. Das bewahrt Sie vor späterer Hektik und eventuellen Enttäuschungen. Hören Sie, welche Anregungen diese Personen aus ihrer vielfältigen Erfahrung geben können.

Für eine besondere musikalische Gestaltung fallen zusätzliche Kosten an. Klären Sie mit den Kirchenmusikern die möglichen Leistungen und die Honorarfrage frühzeitig.

Mitwirkende gewinnen

Gottesdienste leiden zumeist unter schwacher Beteiligung der Mitfeiernden. Diese schauen oftmals nur zu, singen und beten kaum mit – als ob ein Gottesdienst eine Show am Altar wäre. Aus Ärger über ein solches Verhalten verließ kürzlich ein Pfarrer in der Stadt Haltern am See kommentarlos den Traugottesdienst, ohne das Paar zu trauen. Eine solche Reaktion eines Pfarrers ist natürlich nicht akzeptabel und er wurde von seinem Bischof öffentlich dafür getadelt.

Richtig aber ist: Jeder Gottesdienst ist ein Fest, das von der Beteiligung aller Anwesenden lebt. Das gilt in besonderem Maße für die Trauung. Das gemeinsame Singen, Beten, Wünschen macht das Fest aus. Helfen Sie Ihren Gästen schon im Vorfeld, eine Beziehung zu diesem Gottesdienst aufzubauen. Ein erster Schritt dazu kann ein

Brief wie der folgende sein, den Sie als Paar schon Monate vor der Hochzeit verschicken können. Nehmen Freunde die Vorbereitung in die Hand, so schreiben diese den Brief in entsprechender Form:

Im Mai kommenden Jahres werden wir heiraten. Das ist lange hin, und eine Einladung wird noch folgen. Doch schon jetzt machen wir uns Gedanken über die Gestaltung des Gottesdienstes in der Christuskirche. Wir bitten Euch (Dich) um Mithilfe. Liefert uns bitte Ideen. Welche Lieder würdet Ihr gerne singen? Möchtet Ihr uns Texte für die Lesungen vorschlagen? Gibt es Gebete, die Ihr uns empfehlen könnt?

Wenn Ihr Programme anderer Hochzeitsgottesdienste habt, sagt uns bitte, was Ihr daran besonders gelungen findet! Wer ist bereit, in unserem Gottesdienst einen Text zu lesen? Wer spielt ein Instrument und mag sich musikalisch beteiligen? Wer kann unseren Trauspruch auf ein großes Plakat oder Bettlaken schreiben oder malen? Meldet Euch bitte und gebt uns Tipps, damit unsere Trauung ein Fest wird. Wir bauen auf Euch!

Zu einer Planungsparty einladen

Wenn mehrere Menschen ihre Ideen zusammenwerfen, kann man daraus die besten Vorschläge heraussuchen. Laden Sie also schon zu Beginn Ihrer Planungen zu einer Brainstorm-Party ein. Eingeladen werden die Menschen, die bei der Planung und Durchführung Ihrer Hochzeit mitwirken können. Bei dieser Party gibt es etwas zu essen und zu trinken – doch im Mittelpunkt steht das Gespräch über Ihr Hochzeitsfest und speziell über die Gestaltung der kirchlichen Trauung. Spinnen Sie gemeinsam drauflos. Sammeln Sie alle Einfälle, die von den Anwesenden mitgebracht werden oder ihnen spontan einfallen.

Nutzen Sie die besten Vorschläge!

Vielfältigen Blumenschmuck schenken lassen

Der Blumenschmuck für die Kirche wird zumeist vom Paar besorgt. Es gibt allerdings die alte Tradition, dass Blumen für den Altar von den Gottesdienstteilnehmern mitgebracht werden. Man kann diesen Brauch besonders bei der Trauung wieder aufleben lassen. Haben Sie den Mut, mit dem Blumenschmuck vorlieb zu nehmen, den die Gäste mitbringen! Es ist doch möglich, dass jeder Gast der Hochzeitsfeier eine Schnittblume mitbringt und so ein bunter Strauß entsteht. Dieser Schmuck ist vielleicht nicht sehr üppig und einheitlich, aber sehr persönlich – lassen Sie sich überraschen. Dazu müssen vor dem Gottesdienst Helfer bereitstehen, welche die Blumen in Empfang nehmen, um sie dekorativ in Vasen und Schalen zu stecken.

Sprechen Sie mit dem Pfarrer/der Pfarrerin über dieses Vorhaben. Gern wird er/sie in der Predigt auf die symbolische Bedeutung dieser Aktion Bezug nehmen. Unter Umständen werden dann einige Blumen erst zu Beginn des Gottesdienstes zum Altar gebracht. Diese Handlung symbolisiert:

> Mit jeder Blüte verbinden wir einen guten Wunsch. Der Segen Gottes soll so reichhaltig, vielfältig, bunt und lebendig sein wie dieser Strauß. Mit diesen Blumen danken wir Gott, dass er die beiden zsammenführte.

Als „Bitte für eine Blumenspende" kann der Einladung eine entsprechende Notiz beigelegt werden:

Liebe Freunde und Freundinnen!

Ihr wisst, dass wir gerne vieles ganz anders machen, als es üblich ist. Deshalb werden wir auch bei unserer Hochzeit neue, ungewöhnliche Wege gehen. Wir haben den Mut, die Kirche nicht selbst mit Blumen zu schmücken. Sondern – nach einem alten, fast vergessenen Brauch – wir bitten unsere Gäste, jeweils eine

Schnittblume mitzubringen. Wir hoffen, aus den einzelnen Blüten wird ein großer, bunter, vielfältiger und aussagekräftiger Strauß. Wir sind gespannt! Jede einzelne Blüte empfinden wir als guten Wunsch für uns.

Eucharistiefeier mit selbstgebackenem Brot

Ist ein/e Abendmahl-/Eucharistiefeier vorgesehen, regen Sie doch Ihre Freunde an, dafür das Brot zu backen und/oder Becher zu töpfern.

Lieder für den gemeinsamen Gesang auswählen

Ein wichtiger Gesichtspunkt für die Auswahl der gemeinsam zu singenden Lieder ist, dass die Hochzeitsgesellschaft die Lieder mitsingen kann. Wenn Lieder so schwierig oder unbekannt sind, dass nur wenige Gäste sich am Gesang beteiligen, wirft dies einen Schatten auf das Freudenfest.

Überlegen Sie bei den Vorbereitungen, wie Sie das Mitsingen fördern können.

> Informieren Sie sich im Freundeskreis, welche Lieder bekannt sind.
> Üben Sie die ausgewählten Lieder vorher im Familien- und Freundeskreis. Vielleicht kann sie jemand vorsingen. Viele Lieder können Sie über das Internetportal YouTube anhören. Wir haben als Ergänzung zu diesem Buch eine Internetseite ins Netz gestellt, über die Sie Hörbeispiele, Noten und Texte zu den meisten Liedern schnell finden. Klicken Sie dazu unter www.frank-maibaum.de auf „Service zum Traubuch".
> Überraschen Sie Ihre Gäste nicht erst in der Kirche mit den Liedern und der Bitte, kräftig mitzusingen. Wenn Sie der Einladung zur Trauung schon die Texte mit Noten beilegen, können sich die Gäste vorbereiten. Machen Sie so deutlich, dass Sie sich auf aktives Mitsingen, Mitbeten und Mitfeiern freuen.

> Werden mehrere Kinder teilnehmen, berücksichtigen Sie auch deren Liedwünsche. Lassen Sie sich im Kindergarten bzw. in der Grundschule die entsprechenden Texte und Noten geben.

> Ist ein ausgesuchtes Lied weitgehend unbekannt, so klären Sie, ob es möglich ist, dieses zu Beginn des Gottesdienstes unter Leitung des Kirchenmusikers/der Kirchenmusikerin gemeinsam einzuüben.

> Wählen Sie insbesondere einfache und bekannte Lieder. Im Kapitel *Lied / Musik* (S. 71ff.) finden Sie unsere Vorschläge.

> Zu mehreren sehr bekannten modernen Liedern, wie „Danke für diesen guten Morgen", und traditionellen Chorälen, wie „Lobe den Herren", gibt es speziell auf die Trauung bezogene Texte. Wir haben eine Auswahl zusammengestellt; diese finden Sie im Kapitel *Hochzeitstexte zu bekannten Melodien* (S. 91 ff.).

Orgelmusik und moderne Lovesongs auswählen

Das klassische Instrument für Musik in der Kirche ist die Kirchenorgel – also die mechanische Pfeifenorgel. Musikstücke, die sich für die Orgel eignen, wird der Organist bzw. die Organistin darauf spielen. Das ist gut so, denn Orgelklänge sind festlich, erhebend, majestätisch und füllen den Kirchsaal klanglich wie die keines anderen Instruments. Selbst viele Kompositionen, die ursprünglich nicht für die Orgel geschrieben wurden, wie die meisten Hochzeitsmärsche, klingen in der Kirche besser von der Orgel interpretiert als vom Tonträger abgespielt.

Doch wir haben auch erlebt, dass Pharrell Williams' Hit „Happy" zum Auszug eines Brautpaares auf der Kirchenorgel gespielt wurde. Der Organist wollte den Brautleuten entgegenkommen, die sich diese Melodie so sehr wünschten. Er hätte sich weigern sollen, denn er hat lange daran geübt und man erkannte das Lied dennoch nicht. Es gibt Kompositionen, die auch ein hoch qualifizierter Organist nicht auf der Orgel spielen kann.

Viele Traupaare wünschen sich insbesondere im Anschluss an den Brautkuss einen modernen, romantischen Lovesong oder zum Auszug aus der Hochzeitskirche ein Musikstück, das Partystimmung aufkommen lässt wie eben „Happy", „Atemlos durch die Nacht" oder das alte „Marmor, Stein und Eisen bricht". Das ist völlig richtig, denn solche Stücke passen sehr gut dahin. Klären Sie, ob sich Ihr Wunsch realisieren lässt. Am besten werden solche Lieder live von einer Band gespielt oder vom Tonträger (CD bzw. USB-Stick) abgespielt. Ist dies nicht möglich, so erwarten Sie nicht, dass der Kirchenmusiker für Sie ein vergleichbares Stück extra einübt. Lassen Sie sich vorschlagen, was er gerne und gut spielt und sich bewährt hat.

Eine gute Mischung für die Musik in der Kirche:
> Der Hochzeitsmarsch wird auf der Orgel gespielt.
> Gemeinsam gesungene Lieder werden auf der Orgel begleitet.
> Liebeslieder (moderne Lovesongs) werden live vorgetragen bzw. von einer CD abgespielt.
> Zum Auszug erklingt ein flottes Lied vom Tonträger über Lautsprecher.

Ein Heft mit dem Ablauf und den Texten erstellen

Ein Faltblatt bzw. ein Heft mit dem Ablauf der Trauung, den Liedern und den gemeinsam zu sprechenden Texten hilft den Gästen, sich zu orientieren und aktiv zu beteiligen.

In diesem Programmheft sind also alle Elemente der Zeremonie genannt – vom Einzug über das erste Lied, dem Evangelium, der Traufrage und dem Ringwechsel bis zum Segen und Auszug. Zusätzlich zur Übersicht über den Ablauf enthält das Blatt auch die Texte, die gemeinsam gesungen und gesprochen werden. Wir entdecken zunehmend Unsicherheiten beim gemeinsamen Beten des Vaterunser. Drucken Sie auch diesen Text in Ihr Kirchenheft; dann kann der Pfarrer/die Pfarrerin gegebenenfalls das Gebet so einleiten: „Aus dem vorliegenden Liedblatt beten wir gemeinsam das Vaterunser."

Achten Sie darauf, dass die Programmblätter in ausreichender Menge vorhanden sind! Sparen Sie nicht an dieser Stelle. Jeder Gast sollte die Möglichkeit haben, den Ablauf darin zu verfolgen und sich an der Zeremonie zu beteiligen. Auch Kinder sollen ein Programmheft erhalten. Bedenken Sie, dass zur kirchlichen Feier auch Gäste kommen werden, die nicht eingeladen sind. Denn ein kirchlicher Traugottesdienst ist ein öffentliches Ereignis der Pfarrgemeinde – es hat Tradition, dass auch nicht eingeladene Nachbarn des Hochzeitspaares und „Neugierige" aus der Gemeinde (als Zaungäste) in der Kirche sitzen. Und es ist schade, wenn die Anzahl der Kirchenprogramme für die letzten Reihen nicht ausreicht.

Die meisten Gäste werden das Programmheft hinterher zur Erinnerung mitnehmen. Übrige Exemplare lassen Sie einsammeln. Diese können Sie Personen schenken und schicken, die nicht an der Zeremonie teilnehmen konnten.

Den Trauspruch auswählen und kreativ einsetzen

Die protestantische Kirche hat den Brauch eines gesonderten Trauspruchs „erfunden". Hier hat es Tradition, dass ein Bibelvers ausgesucht wird, der als Motto über der Hochzeitsfeier steht. Dieser biblische Spruch wird im Traugottesdienst verlesen und in das amtliche Kirchenbuch sowie ins Familienstammbuch eingetragen. So begleitet der Trauspruch das Paar auch auf dem gemeinsamen Lebensweg. Oft sind Brautpaare von einem nichtbiblischen Spruch begeistert und würden den gerne nutzen. Ein solches Zitat kann den biblischen Vers nicht ersetzen, aber ergänzen. Klären Sie solche Wünsche mit Ihrer Pfarrerin bzw. Ihrem Pfarrer im Trauegespräch.

In der katholischen Kirche gilt der biblische Lesungstext, der sowieso Element der Trauzeremonie ist, als Motto für das gemeinsame Leben des Hochzeitspaares. So gesehen ersetzt das gelesene Evangelium den biblischen Trauspruch. Wählt das Paar einen zusätzlichen Spruch, kann es gern ein Vers sein, der nicht in der Bibel steht. Dies ist dann ein Zitat aus der Literatur bzw. ein Ausspruch eines weisen Menschen wie eines Heiligen oder Philosophen.

Wird der Trauspruch kunstvoll auf ein weißes Laken oder eine Tapetenbahn geschrieben, kann er als Banner über dem Eingangsportal der Kirche hängen. Dieses Spruchband kann ebenso den Kirchsaal schmücken oder als Gestaltungsmoment während der Verlesung des Spruchs aufgehängt bzw. hochgehalten werden. Auch bei der Feier nach dem Gottesdienst kann der Trauspruch als Banner sichtbar bleiben und Tischkärtchen sowie Speisekarten zieren.

In Teil III dieses Buches finden Sie eine ausführliche Zusammenstellung geeigneter Bibelworte und Weisheitssprüche.

Kinder in die Vorbereitung und Gestaltung einbeziehen

Kinder aus dem Kreis der Verwandten und Freunde sollten Sie in die Vorbereitung zur Trauung einbeziehen. Auch der Gottesdienst sollte nicht über ihre Köpfe hinweggehen, vielleicht können Kinder auch da eine kleine Rolle spielen.

Kinder können ...

... auf Einladungsbriefe, Kirchenprogramme, Menükarten, Tischkärtchen typische Hochzeitssymbole malen, ausmalen, aufkleben oder die Buchstaben kolorieren.

... die Hochzeitsdrucksachen mit einem Motivlocher verschönern oder die Ränder mit einer Zickzack- bzw. Wellenschere beschneiden.

... den Trauspruch oder einen Segenswunsch auf eine Tapete oder ein Bettlaken schreiben.

... das Hochzeitsspruch-Banner ausmalen oder mit Bildern verzieren.

... kleine Gegenstände für die Tischdekoration basteln.

... die Programmhefte am Eingang der Kirche verteilen.

... eine Hochzeitskerze verzieren.

... Bilder malen, die ausdrücken, was sie dem Paar besonders wünschen.

... die Buchstaben des Trauspruchs auf einzelne Blätter malen. Diese hängen zum Trauspruch zusammengestellt auf einer Leine vor oder in der Kirche. Die Kinder können sich auch vor oder in der Kirche mit den Buchstaben so aufstellen, dass der Spruch zu lesen ist.

... Bilder malen, die am Altartuch, an der Kanzel oder an der Kirchenwand einen Platz finden.

Passende Bildmotive finden Sie in großer Anzahl im Internet, indem Sie in der Suchmaschine die Bildersuche einstellen und die Begriffe *Hochzeit / Trauung* mit *Comic / Clipart / Grafiken* kombinieren.

Möchte man Bilder in Übergröße auf ein Plakat malen, so empfiehlt es sich, die Vorlage zunächst auf eine kleine Folie zu malen oder zu kopieren. Wird diese dann mit einem Beamer an die Wand geworfen, lassen sich die Umrisse hier gut und schnell nachzeichnen.

Um die Kinder während des Festes sinnvoll zu beschäftigen, basteln Sie mit den gesammelten Hochzeitsmotiven ein Kartenspiel wie Quartett, ein Anlegespiel wie Domino oder ein Legespiel wie Memory.

Die Kirche schmücken

In der frühen Christenheit war es üblich, dass die Teilnehmenden eines Gottesdienstes den Raum dafür gemeinsam herrichteten. Im Lauf der Kirchengeschichte wurde diese Aufgabe den Kirchendienern wie Mesnern und Küstern übertragen. Doch jeder Gottesdienst müsste ein Fest mit gemeinsamer Verantwortung und Vorbereitung sein. Dies gilt besonders für die Feiern an zentralen Wegstationen unseres Lebens, wie Taufe, Firmung, Erstkommunion oder Konfirmation, Trauung und Ehejubiläen. Das Traupaar und die Hochzeitsgäste sollten sich also so weit wie möglich auch an der Gestaltung des Kirchsaals beteiligen.

Am Tag der Trauung werden weder Bräutigam noch Braut Zeit finden, sich um den Kirchsaal zu kümmern. Für diese Aufgabe sollten Helfer aus dem Freundeskreis eingeteilt sein, die nun bereit stehen. Gemeinsam mit dem Küster bzw. der Küsterin werden z.b. die Gesangbücher oder Programmhefte ausgelegt, die Kerzen angezündet, die Hochzeitskerze aufgestellt, Ringe bereit gelegt, die Blumen arrangiert. Die Abendmahlsgeräte können auf einem zusätzlichen Tischchen (Kredenztisch) zurechtgestellt werden, damit man sie zu Beginn der Eucharistie/des Abendmahls zum Altar trägt. Wenn vorher Bilder und Transparente mit Wünschen und dem Trauspruch angefertigt wurden, werden diese aufgehängt.

Gegenstände, die als Hausschmuck oder als Erinnerung an das Trauversprechen dienen, wie Kerzen, Bibel, Gesangbuch oder Gebetbuch und Kreuz, können auch bei ökumenischen Hochzeitsgottesdiensten vom katholischen Geistlichen gesegnet werden. Sie werden bei der Vorbereitung auf den Altar oder (besser noch) auf den Kredenztisch gestellt, damit sie im Gottesdienst von Messdienern oder den Trauzeugen den Geistlichen gereicht werden können. Evangelischen Geistlichen ist das Segnen von Gegenständen fremd; auch die Ringe werden hier nicht gesegnet. Klären Sie also solche Wünsche und die Weise ihrer Durchführung schon beim Traugespräch.

Einstimmung der Mitwirkenden in der Sakristei

An der Gestaltung des Hochzeitsgottesdienstes werden sich neben dem Pfarrer/der Pfarrerin mehrere Personen beteiligen. Jemand wird einen Text lesen, andere teilen sich die Fürbitten auf; vielleicht werden auch Segenswünsche vorgetragen und die Ringe sowie die Taufkerze gereicht. Spätestens 15 Minuten vor Beginn versammeln sich alle Personen, die derartige Aufgaben übernehmen, mit den Geistlichen in der Sakristei. Durch letzte Absprachen und vielleicht ein Gebet wachsen Sicherheit, innere Ruhe und das Gefühl der Verbundenheit.

Mancherorts spricht der Pfarrer/die Pfarrerin stellvertretend für die Mitwirkenden laut ein Gebet. Andernfalls kann man es still für sich beten – in der Sakristei oder sobald man seinen Platz eingenommen hat:

„Großer Gott, danke, dass du mich heute bis hierher begleitet hast. Nun möchte ich innere Ruhe finden und mich an der Feier erfreuen. Hilf du mir dabei. Nimm alle Aufregung von mir, damit ich meinen Text ruhig und verständlich lesen kann. Danke. Amen."

II. DER ABLAUF

1. ERÖFFNUNG UND ANRUFUNG

Ein christlicher Gottesdienst hat vier Hauptteile:

1. ERÖFFNUNG UND ANRUFUNG
2. VERKÜNDIGUNG
3. SAKRAMENT (wie Taufe, Abendmahl/Eucharistie oder Trauung)
4. SENDUNG UND SEGEN

Der erste Hauptteil ERÖFFNUNG UND ANRUFUNG dient vor allem der Kontaktaufnahme mit den Mitmenschen und mit Gott. Die Feiernden begrüßen sich gegenseitig, singen ein verbindendes Lied, werden willkommen geheißen und nehmen mit Gebet und Gesang Kontakt zu Gott auf.

Im Hochzeitsgottesdienst kann folgende Reihenfolge entstehen:

– Glockengeläut
– Empfang des Brautpaars durch die Geistlichen
– Einzug mit musikalischer Begleitung
– Lied der Gemeinde
– Begrüßung der Gemeinde
– Eingangsgebet

Dieser erste Hauptteil kann durch liturgische Elemente wie Kyrie, Loblied, Tagesgebet bzw. Psalmgebet erweitert werden.

Glockengeläut

Glocken sind in verschiedenen Funktionen in nahezu allen Religionen bekannt. Bei uns im Abendland ist es seit dem 13. Jahrhundert üblich, dass sie in gesonderten Glockentürmen (Kampanile) oder in den Kirchtürmen zum Gottesdienst rufen und die Gemeindeglieder auf dem Weg begleiten. In der frühen Christenheit übernahmen häufig Trompeten diese Aufgabe.

Über die Funktion des Zusammenrufens hinaus eröffnen die Glocken den Gottesdienst und begleiten mancherorts zudem Gebete wie das stille Eingangsgebet und das Vaterunser. Die in der Kirche nicht anwesenden Menschen sollen durch die weithin hörbaren Glocken zum Mitbeten aufgefordert werden. Bei besonderen Lebenssituationen wie der Trauung erinnern sie an den Bund Gottes mit den Menschen und bestätigen: „Gott begleitet euch auf dem neuen Weg."

Glocken als Gestaltungsmoment

Besonders aussagekräftig ist es, wenn die Glocken nicht nur zu Beginn des Gottesdienstes erklingen. Sie können nach dem Einzug oder mitten im Gottesdienst, z.B. unmittelbar nach dem Trausegen und beim Vaterunser, erneut einsetzen.

Zusammenspiel von Glocken, Posaunen und Chor

In vielen Kirchengemeinden gibt es einen Posaunenchor und/oder einen Vokalchor. Klären Sie, ob die Möglichkeit besteht, dass ein solcher Chor gegen eine Geldspende bereit ist, bei Ihrer Hochzeit mitzuwirken. Dieser finanzielle Aufwand ist sicherlich sinnvoller als mancher Betrag für bloße Äußerlichkeiten. Es ist beeindruckend, wenn Posaunen vor oder nach dem Glockenspiel zusätzlich zum Gottesdienst rufen. Die Posaunen können zu Beginn an der Pforte erschallen. Sänger und Sängerinnen können am Eingang eine „Gasse" bilden, die Gäste rufen und mit Gesang deren Weg in die Kirche begleiten.

ꜛꜛꜛꜛꜛꜛꜛꜛꜛꜛꜛꜛꜛꜛꜛꜛꜛꜛꜛꜛꜛꜛꜛꜛꜛꜛꜛꜛꜛ

Musik zum Einzug

In den üblichen Gemeindegottesdiensten lädt das musikalische Vorspiel zur Besinnung ein. Es soll helfen, äußerlich und innerlich zur Ruhe zu kommen. Bei der Trauung hat das eröffnende Musikstück eine ganz andere und doppelte Funktion: Es ist einerseits Prozessionsmusik mit Marschcharakter, die sich an die Hereinziehenden wendet und ihr festes Schreiten unterstützt. Es ist andererseits Fanfare, in wörtlichem Sinne erhebend, denn es reißt die Wartenden von den Plätzen und verkündet: „Hier kommt die Braut!" Da muss kein Kirchendiener rufen: „Bitte aufstehen, das Brautpaar kommt!"

Stilles Gebet zur Einstimmung

Da zu Beginn des Traugottesdienstes kein musikalisches Vorspiel zur Besinnung ruft, können die Hochzeitsgäste zu einem stillen Gebet eingeladen werden. Dieses betet man, sobald man seinen Platz in der Kirche eingenommen hat. Ein solches Vorbereitungsgebet kann im Liedblatt/Programmheft als erstes gottesdienstliches Element stehen, vor der Einzugsmusik und dem Einzug des Brautpaares. So werden die Gäste angeregt, mit dem Gebet den Gottesdienst still zu beginnen. Es kann so lauten:

„Allmächtiger Gott, öffne mein Herz, meine Augen und Ohren, dass ich freudig mitsingen und beten kann. Lass mich verstehen, was du uns Menschen heute sagen willst, und hilf, dass ich dadurch mir selbst und den Mitmenschen näherkomme. Lass uns eine gute Gemeinschaft haben und wisch bitte in mir weg, was meine Freude trüben könnte. Amen."

Hochzeitsmärsche

Ein romantisches Liebeslied ist an dieser Stelle nicht geeignet. Passend zum Hochzeitseinzug komponierten mehrere bedeutende Komponisten spezielle Musikstücke. Diese Hochzeitsmärsche sind mit gutem Grund die meistgespielten Instrumentalstücke zum Einzug.

Hochzeitsmarsch aus Wagners Oper Lohengrin:
Richard Wagner komponierte die Oper Lohengrin. Darin wird das Brautpaar auf dem Weg ins Hochzeitsgemach von Chorgesang begleitet. Der Chor singt: „Treulich geführt ziehet dahin, wo euch der Segen der Liebe bewahrt! Siegreicher Mut, Minnegewinn eint euch in Treue zum seligsten Paar." Zur Hochzeit des deutschen Kaisers Friedrich III. mit der englischen Prinzessin Viktoria Im Jahr 1858 erklang zum Einzug in die Kirche dieses Chorstück. So wurde es für lange Zeit zur beliebtesten Einzugsmusik. Im Internet findet man dazu zahlreiche Orgelinterpretationen, Orchesterstücke und Chorgesänge. Folgende Suchbegriffe führen zu unterschiedlichen Interpretationen: *Treulich geführt / Hier kommt die Braut / Bridal Chorus / Here Comes the Bride / Wagner Wedding March.*

Hochzeitsmarsch aus Shakespeares Sommernachtstraum:
Der Sommernachtstraum ist eine bekannte Komödie von William Shakespeare. Felix Mendelssohn Bartholdy vertonte das Bühnenstück. Darin enthalten ist dieser Hochzeitsmarsch. Im Internet finden Sie ihn unter den Suchbegriffen: *A midsummer night's dream / Bartholdy Hochzeitsmarsch / Bartholdy Wedding March / Hochzeitsmarsch Sommernachtstraum.* Beachten Sie dabei insbesondere die Aufnahmen der Berliner Philharmoniker und des English Chamber Orchestra.

Trumpet Voluntary und Trumpet Tune:
Die Hochzeitsmärsche von Felix Mendelssohn Bartholdy und Richard Wagner waren lange Zeit konkurrenzlos – bis Lady Di und Prinz Charles einen neuen Maßstab setzten. Sie entschieden sich für das Orgelstück Trumpet Voluntary des englischen Komponisten Jeremiah Clarke. Trumpet Voluntary (Deutsch = Trompetenauftakt) heißt das Stück, da es schwerpunktmäßig mit den speziellen Orgelregistern gespielt wird, die wie Trompeten klingen. Clarke komponierte es im Jahr 1707 zu Ehren des Prinzen George von Dänemark, der Queen Anne, Königin von Großbritannien und Schottland, heiratete. Daher ist dieser Hochzeitsmarsch auch unter dem Titel „Prince of Denmark's March" bekannt. Zu diesen Orgelklängen schritten z.b. folgende „Prinzessinnen" zum Altar: Diana Spencer (mit Prinz Charles 1981), Alexandra Manley (mit Prinz Joachim von Dänemark 1995) und Kate Middleton (mit Prinz William 2011).

Neben Trumpet Voluntary erlangten ähnliche Orgelstücke als Einzugsmusik Beliebtheit: Trumpet Tune aus der Oper „The Island Princess" und Festive Trumpet Tune des neuzeitlichen Komponisten David German. Bei der Suche nach passender Einzugsmusik sollten Sie diese Stücke in die engere Wahl ziehen. Sie werden hören, dass die Kirchenorgel in beeindruckender Weise Trompeten und Posaunen imitieren kann und diese Klänge gut geeignet sind, die Ankunft des Paares bzw. das Erscheinen von Braut und Brautführer anzukündigen!

Weitere Klassiker zum Einzug

Wenn Sie zum Einzug klassische Musik abseits der typischen Hochzeitsmärsche suchen, bieten sich weitere Kompositionen bedeutender Komponisten an, insbesondere:

Samuel Wesley: Gavotte / Johann Pachelbel: Kanon in D-Dur / Johann Sebastian Bach: Brandenburger Konzert No. 5 / Georg Friedrich Händel: Ouvertüre zur Oper Scipione / Wolfgang Amadeus Mozart: Ave Verum Corpus.

Musik vom Tonträger und populäre Musik

Die oben empfohlenen Musikstücke sind für Chor bzw. Orchester komponiert. Auf der Pfeifenorgel gespielt, füllen sie den Kirchsaal mit majestätischem Klang. Diese Möglichkeit nutzt man natürlich. Ist keine Kirchenorgel vorhanden, kann man Chorgesänge und Orchesterwerke vom Tonträger abspielen. Findet die Trauung im kleinen Kreis und in einer kleinen Kapelle bzw. im Trausaal des Standesamtes oder unter freiem Himmel statt, wirkt ein kräftiger Hochzeitsmarsch zu pompös. Dann empfehlen sich andere Musikstücke, sogar flotte Liebeslieder wie: Marry you (Bruno Mars) / Marry me (Train) / Chapel of love (Dixie Cups) / Morning has broken (Cat Stevens) / Amazing Grace / Over the rainbow.

Einzug

Schon früh entwickelte sich in der christlichen Kirche der Brauch, dass – nach der Vorbereitung in der Sakristei – Priester und Mitwirkende in einem feierlichen Zug durch das Kirchenschiff zum Altar schritten. Etwa seit dem 5. Jahrhundert setzte es sich durch, dass ein Chor zu diesem Einzug einen Psalm sang. Wenn Personen oder ganze Gruppen eine besondere „Rolle" in einem Gottesdienst spielen, ziehen sie oft auch heute noch gemeinsam ein. Wir finden diese Praxis z.B. bei der Ordination von Pfarrern und Pfarrerinnen oder der Priesterweihe, bei Amtseinführungen, bei Konfirmation und Erstkommunion und eben der Trauung. Der Einzug geschieht üblicherweise während eines musikalischen Vorspiels. Die Gäste, die schon im Kirchsaal sitzen, stehen dazu auf, um den Einziehenden „Ehre zu erweisen".

Der Kircheneinzug kann auf unterschiedliche Weise geschehen:

- Der Pfarrer/die Pfarrerin geleitet das Brautpaar zum Altar. Diese schlichte Form ist in den protestantischen Kirchen verbreitet. Nach evangelischem Verständnis sind Braut und Bräutigam durch die standesamtliche Trauung zum Ehepaar geworden, das nun gemeinsam zum Altar schreitet.
- Das Brautpaar zieht mit den Geistlichen, den Trauzeugen, den Brautjungfern sowie ggf. den vorangehenden „Engelchen" und Messdienern ein. Brautjungfern und Trauzeugen folgen dem Paar unmittelbar. Die Geistlichen schreiten entweder voran oder bilden traditionsgemäß den Abschluss dieser Einzugsprozession. Ein solcher Einzug passt zu einer großen traditionellen Brautmesse mit entsprechenden Texten und Chorälen.
- Die Geistlichen ziehen zunächst ein. Erst wenn diese den Altar erreicht haben, folgt das Brautpaar. Diese Form bietet sich an, wenn – wie bei einer ökumenischen Trauung – mehrere Geistliche die Zeremonie gestalten.
- Die Braut wird zum Bräutigam gebracht. Dabei geschieht der Einzug in einer der oben dargestellten Formen, wobei jedoch statt des Bräutigams ein Brautführer die Braut zum Altar geleitet. Dort erwartet sie der Bräutigam. Der Brautführer ist üblicherweise der Vater der Braut; doch auch andere Personen können diese Rolle übernehmen. Diese Form des Einzugs findet man eher in der katholischen Kirche, denn hier werden Braut und Bräutigam erst durch den Segen am Altar zum Ehepaar.
- Das Brautpaar schreitet gemeinsam zum Altar, wobei dennoch dem Brautführer eine Rolle zugestanden wird: Er führt die Braut durch das Kirchenportal, während der Bräutigam ihr entgegengeht und sie auf halbem Weg übernimmt.
- Die gesamte Hochzeitsgesellschaft wird vom Pfarrer/von der Pfarrerin am Kirchenportal abgeholt und folgt Braut und Bräutigam beim Einzug. Auf diese Weise einzuziehen ist sinnvoll, wenn die Anzahl der Gäste sehr klein ist.
- Auch folgende außergewöhnliche Form sei erwähnt, da man sie häufig bei Adelshochzeiten beobachten kann: Die Geistlichen ziehen zunächst ein; haben diese den Altar erreicht, kommen Brautmutter und Brautvater herein. In selbigem Abstand folgen die

Eltern des Bräutigams. Stehen all diese Personen vorn in der Kirche zum Empfang bereit, schreitet das Brautpaar herein.

Jede der Einzugsmöglichkeiten hat eine eigene Bedeutung

Der Hochzeitseinzug ist eine symbolische Handlung. Dabei gibt es nicht richtig oder falsch, sondern man fragt danach, was damit ausgedrückt werden soll.

Jeder Einzug zeigt: Jetzt beginnt etwas Besonderes! / Dies ist ein großer Moment im Leben! / Schaut auf unser Glück!

Schreiten Braut und Bräutigam Hand in Hand herein, so sagen sie damit: Wir haben zueinander gefunden; es ist unser großer Tag. Wir gehören zusammen und freuen uns nun auf den Segen; schaut, hier sind wir!

Wenn der Bräutigam schaut bzw. der Braut entgegengeht, drückt er aus: Als Bräutigam sehe ich meiner Braut bewundernd entgegen. Ich werde ihre Hand nehmen und erwarte freudig, was wir auf unserem Weg erleben werden.

Wird die Braut vom Vater oder einem anderen Familienmitglied hereingeführt, sagt dies: Zukunft lebt aus der Vergangenheit. Wir kommen aus Familien, die uns lieben; diesen Menschen sind wir weiterhin verbunden, wenn wir uns gleich an der Hand nehmen. / Als Eltern hoffen wir für unsere Kinder und freuen uns mit ihnen. Sie gingen lange Zeit an unserer Hand und unter unserem Schutz. Gern geben wir sie nun einander an die Hand und vertrauen sie gemeinsam Gottes Schutz an.

Führt ein Freund des verstorbenen Vaters die Braut, so klingt mit: An diesem Fest der Liebe denken wir auch an Menschen, die nicht mehr bei uns sind. Gerade wenn wir glücklich sind, wirken sie weiter!

Das sagt der Brautführer bei der Übergabe der Braut

Die Übergabe der Braut darf wortlos geschehen; der Brautführer kann aber auch einige Sätze sagen. Hier ist ein Beispiel, weitere folgen im Textteil, also in Teil III dieses Buches:

„Wir haben Ja zu ihr gesagt und immer gerne ihre Hand gehalten, so wie deine Eltern Ja zu dir sagten. Doch nun möchten wir erleben, wie ihr zwei zueinander Ja sagt, denn es gibt kein größeres Glück. Darum lassen wir sie gerne los und sind dankbar, dass ihr euch nun an der Hand nehmt und gemeinsam weitergeht."

Der Bräutigam nimmt die Braut wortlos an der Hand. Er kann sagen:

„Ich weiß" bzw. „Gerne".

Ein Gottesdienst ist voller Symbolhandlungen. Dazu gehören der Einzug wie die Brautübergabe, das Anstecken der Ringe, das Entzünden der Hochzeitskerze, das Bekreuzigen. Solche Zeichenhandlungen sollten ohne Erklärungen verstanden werden. Dennoch kann durch einige Worte das Verständnis vertieft werden. Wir geben Ihnen Beispiele zu jeder dieser Handlungen. Gehen Sie damit aber sparsam um – entfalten Sie textlich nur eine der Zeichenhandlungen; die anderen lassen Sie still geschehen.

Eingangslied

Traditionell eröffnet nicht ein Geistlicher einen Gottesdienst, sondern die anwesende Gemeinde. Sie tut dies mit dem Eingangslied, dem erst die Begrüßung durch einen Pfarrer bzw. eine Pfarrerin folgt. Auch im Hochzeitsgottesdienst hat das erste gemeinsame Lied hier seinen liturgisch richtigen Ort. Die Hochzeitsgemeinde drückt damit aus: Dies ist unser Gottesdienst. Wir sind die aktiv Feiernden, nicht Zuschauer. Wir sind durch gemeinsames Singen, Beten, Danken, Hoffen und Wünschen dem Hochzeitspaar nahe.

Will man einen Hochzeitsgottesdienst mit ausführlicher traditioneller Liturgie feiern und erwartet sangesfreudige Gäste, so belässt man das Eingangslied an dieser Stelle.

Möchte man den Ablauf kürzen und den Gemeindegesang reduzieren, singt man das erste Lied erst nach der Begrüßung mit Gebet. Es ergibt sich folgende kurze Abfolge: Begrüßung mit Gebet – Lied – Lesung. Das Gebet steht in dem Fall für das Kyrie und der erste gemeinsame Gesang ist Eingangslied und Gloria in Einem. Beachten Sie auch dann folgende Ratschläge zum Lied:

Ein einfaches, bekanntes Lied wählen

Bedenken Sie bei der Liedwahl, dass gerade zu Beginn viele der Gäste unsicher sind. Hierhin gehört also ein einfaches Lied mit einer bekannten und freudigen Melodie. Ansonsten entsteht der Eindruck: „Ich kann nur passiv sein. / Lass die Anderen mal machen." Dagegen muss dieses Lied vermitteln: „Ich kann hier mitmachen. / Ich bin ein wichtiges Glied. / Es macht Freude. / Wir sind eine Gemeinschaft!"

Das Mitsingen erleichtern

Braut und Bräutigam kennen ihre Gäste. Wenn das Brautpaar davon ausgehen kann, dass die Mehrzahl der Anwesenden ungeübt im Singen ist und Kirchenlieder nicht kennt, so muss eine Überlegung sein: Wie schafft man es, dass der Gesang gelingt? Das sollte ein Punkt im Traugespräch und bei der Absprache mit dem Kirchenmusiker/der Kirchenmusikerin sein. Der Vorschlag, hier (oder schon vor dem Gottesdienst) ein leicht zu erlernendes Lied gemeinsam einzuüben, sollte für das Eingangslied geprüft werden.

Eingang und Ausgang im Lied verbinden

Wird der Hochzeitsgottesdienst mit derselben Melodie eröffnet sowie abgeschlossen, ergibt sich ein ansprechender musikalischer Rahmen. Dies gelingt z.b., indem man zu Beginn singt: „Du hast uns, Herr, gerufen" (Evangelisches Gesangbuch 168,1-3 / Gotteslob 721), und zum Abschluss: „Wenn wir jetzt weitergehen" (EG 168,4-6 / GL 752). Auch zu weiteren Liedern wie „Danke für diesen guten Morgen", „Großer Gott, wir loben dich", „Geh aus mein Herz und suche Freud" gibt es entsprechende Verse. Beachten Sie dazu die Hochzeitstexte zu bekannten Melodien in Teil III.

Begrüßung

Die Begrüßung durch die Geistlichen setzt sich üblicherweise aus den zwei Teilen zusammen: „Freie Begrüßungsworte" und „Liturgische Grußformel". Mit freien Worten heißt der Pfarrer/die Pfarrerin das Brautpaar und die Hochzeitsgesellschaft willkommen. Er/sie sagt einige Sätze zur Bedeutung der Ehe und weist auf Besonderheiten dieses Gottesdienstes hin – etwa auf das Liedblatt, den Schmuck der Kirche, die Gestaltung der Eucharistiefeier/des Abendmahls, auf das Filmen und Fotografieren.

Die liturgische Grußformel leitet die freien Worte ein oder schließt sie ab. Im Wechsel mit der Gemeinde gesprochen, lautet der formelhafte Gruß z.B.:

Geistlicher: „Der Herr sei mit euch."
Alle: „Und mit deinem Geist."
Geistlicher: „Im Namen des Vaters und des Sohnes und des Heiligen Geistes."
Alle: „Amen."

„Der Herr sei mit euch"
„Und mit deinem Geist"

„Der Herr sei mit euch" – „Und mit deinem Geist" stammt aus der Bibel. Diese beiden Sätze sind mehr als Gruß und Gegengruß. Sie sind ein gegenseitiger Segenswunsch: Der Pfarrer segnet die Gemeinde („Der Herr sei mit euch") und die Gemeinde segnet den Pfarrer („Und mit deinem Geist"). Dies zeigt, dass die Geistlichen nicht nur Segen spenden, sondern auch auf ihn angewiesen sind. Wirken mehrere Geistliche mit, kann jeder/jede beim ersten Auftreten in dieser Weise segnen und gesegnet werden.

„Im Namen des Vaters und des Sohnes und des Heiligen Geistes"

Diese Formulierung entstammt ebenfalls der Bibel. Im Matthäusevangelium (Kapitel 28, Vers 19) steht: „Darum gehet hin und machet zu Jüngern alle Völker: Taufet sie auf den Namen des Vaters und des Sohnes und des Heiligen Geistes." Diesen Auftrag, den Jesus seinen Jüngern gab, nennen wir „Taufbefehl". Jeder Gottesdienst wird damit eröffnet. Dieses „Eingangsvotum" erinnert an die Taufe und ruft den Anwesenden zu: „Durch die Taufe bist du mit Gott verbunden. – Er ist bei dir, auch an diesem Tag und bis in Ewigkeit!" Die Antwort „Amen" bedeutet hier so viel wie: „Ich weiß!"

Beispiel für eine Begrüßung mit freien Worten und Grußformel

Pfarrerin: „Der Herr sei mit euch."
Alle: „Und mit deinem Geist."
Pfarrerin: „Aus vielen verschiedenen Orten und Situationen sind wir hier zusammengekommen, um mit Michael und Inga diese 'Hohe Zeit', diese Hochzeit zu feiern. Viele Überlegungen, Planungen und Entscheidungen liegen hinter uns. Wie soll der Tag gestaltet werden? Was ziehen wir an? Wird alles gelingen? Wird es schön werden? Lässt uns das Wetter nicht im Stich? Solche und ähnliche Fragen bewegten und belasteten uns in den letzten Tagen. Gut, dass wir den Höhepunkt dieses großen Tages in dieser Kirche feiern. Sie gibt uns Geborgenheit. Seit mehr als 300 Jahren steht diese Kirche hier; sie will uns heute hineinnehmen in einen größeren Zusammenhang und uns zurufen: 'All deine kleinen und größeren Sorgen gib nun in Gottes Hand!' Dieser Gott, von dem die Bibel sagt: 'Gott ist Liebe', möchte, dass wir uns unbeschwert freuen – freuen über so viel Liebe, die deutlich wird im Jawort zweier sich liebender Menschen. So freuen wir uns mit Gott und bitten, dass nichts anderes als Liebe unsere Herzen regiert, und beginnen: Im Namen des Vaters, des Sohnes und des Heiligen Geistes."
Alle: „Amen."

Das Brautpaar oder Gäste beteiligen sich an der Begrüßung

Personen aus der Verwandtschaft bzw. dem Freundeskreis oder das Brautpaar selbst dürfen sich gern an der Begrüßung aktiv beteiligen. Von dieser Möglichkeit wird selten Gebrauch gemacht; man überlässt diese Aufgabe gern dem Pfarrer/der Pfarrerin. Das ist auch gut so. Doch es gibt Anlässe, bei denen es sinnvoll ist, dass die Worte der Geistlichen durch andere Beteiligte ergänzt werden:

- Braut und Bräutigam haben Kinder mit in die Ehe gebracht, denen sie an dieser Stelle für ihre Unterstützung danken.
- Ein Brautpaar ist überwältigt von der Weise, wie der Freundeskreis die Kirche ausgeschmückt hat. Der Bräutigam bedankt sich jetzt schon dafür.
- Die Urgroßeltern der Braut haben einige Wochen vorher ihre Eiserne Hochzeit gefeiert. Beide Senioren waren zwischendurch krank und sind überglücklich, nun die Hochzeit der Urenkel erleben zu dürfen. Braut und Bräutigam heißen die Urgroßeltern an dieser Stelle willkommen.
- Der Vater der Braut wurde vor einigen Wochen beerdigt. Sein bester Freund erklärt bei der Begrüßung, dieser habe sich sehr gewünscht, dass die Trauung stattfindet. Man möge den Vater in lieber Erinnerung haben und doch das Glück des Paares feiern.

Beispiel einer Begrüßung unter Beteiligung des Brautpaares

Pfarrer: „Der Herr sei mit euch."
Alle: „Und mit deinem Geist."
Pfarrer: „Wir sind von nah und fern in unsere alte Dorfkirche gekommen, um uns an dem Jawort zu erfreuen, das sich Michael und Inga heute hier zusprechen. Wir wollen Gott danken für das Wunder der Liebe, die er uns Menschen schenkt. Es gibt so viele Gründe, sich bei Gott und den Mitmenschen zu bedanken, bevor wir heute miteinander feiern. Diesen Dank wollen wir nicht vergessen."

Braut und Bräutigam (stehen auf, wenden sich zur Gemeinde und lesen im Wechsel): „Danke, dass ihr da seid."
„Danke, dass ihr uns mit Rat und Tat geholfen habt und wir euch so wichtig sind."
„Danke, dass ihr uns so gern habt."
„Danke, dass Gerd den weiten Weg gemacht hat und dass Oma Else hier sein kann. Wir haben so um ihre Gesundheit gebangt."
„Danke, dass ihr mit uns hofft, betet, singt und lacht. Mit euch zusammen sind wir glücklich und stark. Mit euch und dem allmächtigen Gott sind wir überglücklich, stark und unschlagbar. – Danke!"
Pfarrer: „So beginnen wir dieses Fest im Namen des Dreieinigen Gottes, der immer schon war, der in Jesus Christus lebendig wurde, dessen Kraft uns immer bewegen wird – im Namen des Vaters und des Sohnes und des Heiligen Geistes."
Alle: „Amen."

Besonderheiten, die der Pfarrer/die Pfarrerin erwähnen soll

Eigentlich wird bei der Begrüßung nur das Brautpaares hervorgehoben. Doch in besonderen Fällen können auch weitere Personen erwähnt werden. Dies kann z.b. die Uroma sein, die sich so gewünscht hat, diesen Tag noch zu erleben; eine Person, die einen besonders weiten Weg gemacht hat; oder ein Mensch, für den diese Trauung ein Anlass ist, nach langer Zeit zum ersten Mal wieder in der Heimat zu sein. Nennen Sie den Geistlichen solche Anlässe und auch Besonderheiten, auf die schon zu Beginn aufmerksam gemacht werden kann. Da sind z.b. die betreute „Krabbelstube" für kleine Kinder, die historische Bedeutung der Kirche und ihrer Kunstgegenstände, auch der Hinweis auf den autorisierten Fotografen sowie die Bitte an die Gäste, selbst lediglich zum Festhalten des Brautkusses das Smartphone zu zücken.

Hinweise auf Ereignisse, die erst nach dem Gottesdienst stattfinden (z.B. Sektempfang im Gemeindesaal), sollten nicht schon zu Beginn, sondern erst gegen Ende des Gottesdienstes – vor dem Schlusssegen – gegeben werden.

Kyrie eleison – Herr, erbarme dich

Der Ruf „Kyrie eleison" ist älter als das Christentum selbst. „Herr, erbarme dich" ist die deutsche Übersetzung. Schon Jahrtausende vor unserer Zeitrechnung zogen Menschen im Morgengrauen vor die Tore der Stadt, um der aufgehenden Sonne Handküsse zuzuwerfen und ihr unablässig „Kyrie eleison" zuzurufen. Zu Jesu Zeiten ehrte man den römischen Kaiser mit diesem Ruf. Wir Christen übernahmen das Kyrie als gesungenen oder gesprochenen Huldigungsruf in unsere Gottesdienste. Damit bekunden wir: „Christus ist unsere Sonne, er ist der Herrscher der Welt!" Dieses Element des Gottesdienstes wird kurz „Kyrie" genannt. In den üblichen Gemeindegottesdiensten hat das Kyrie seinen festen, unverzichtbaren Platz. Bei Trauungen gehört es in der katholischen Kirche zum Ritus, in den neueren evangelischen Trauordnungen ist es nicht fest verankert. Will man aber einen ausführlichen und liturgisch beeindruckenden Hochzeitsgottesdienst feiern, sollte dieses alte, bedeutende und aussagekräftige Element christlicher Gottesdienstgestaltung nicht fehlen.

Im Rahmen der Trauung drückt das Kyrie aus: „Wir begrüßen Gott jubelnd in unserem Ehebund. Wir stellen unseren gemeinsamen Weg unter Gottes Herrschaft. In guten Zeiten wollen wir ihn loben und in schwierigen soll er Retter sein." – Das Kyrie hat üblicherweise eine Dreiteilung entsprechend der Dreifaltigkeit Gottes. Es wendet sich also an Gott Vater, Sohn und Heiligen Geist. In der einfachen Form lautet es:

Vorsänger: „Kyrie eleison."
Alle: „Herr, erbarme dich."
Vorsänger: „Christe eleison."
Alle: „Christe, erbarme dich."
Vorsänger: „Kyrie eleison."
Alle: „Herr, erbarm dich über uns."

Vorsänger sind dabei ein Chor, die Geistlichen oder die Kirchenmusiker.

Kyrie-Litanei

Das einfache dreigliedrige Kyrie wird zumeist durch vorangestellte Texte erweitert, die zum Anlass des Tages passen. So entsteht eine Kyrie-Litanei. Dabei können der Kyrie-Ruf sowie die Antwort der Gemeinde gesungen oder gesprochen werden.

Sprecher: „Du bist bei uns, großer Gott, begleitest uns auch auf dem Weg, der vor uns liegt. Kyrie eleison."
Alle: „Herr, erbarme dich."
Sprecher: „Sollte dieser Weg einmal mühsam werden, so wirst du uns stärken. Christe eleison."
Alle: „Christus, erbarme dich."
Sprecher: „Sollten wir uns einmal verlaufen, so führst du uns auf Wege, die zueinander führen. Kyrie eleison."
Alle: „Herr, erbarm dich über uns."

Wirkt ein Sänger/eine Sängerin oder ein Chor mit, so sollte diese/r „Kyrie eleison" singen, damit die Gemeinde singend „Herr, erbarme dich" antwortet. Das hat Tradition seit Beginn der Christenheit.

Das Kyrie textlich und optisch entfalten

Ein gottesdienstliches Element entfalten bedeutet, dass man es nicht in der üblichen Weise belässt, sondern mit zusätzlichen Texten erweitert oder optisch hervorhebt und damit in den Mittelpunkt der Aufmerksamkeit rückt. Wir weisen auch hier gern darauf hin, dass im gesamten Hochzeitsgottesdienst nur zwei bis drei Elemente entfaltet werden sollten. Ansonsten wird der Ablauf unübersichtlich und überladen.

> Textlich kann das Kyrie entfaltet werden, indem verschiedene Personen ausführliche Huldigungen oder Klagen lesen, die dann jeweils von der Gemeinde mit „Kyrie eleison" oder „Herr, erbarme dich" beantwortet werden.

> Optisch kann das Kyrie entfaltet werden, indem z.b. zu jedem Ruf ein Licht entzündet oder ein Zweig bzw. eine Blüte in eine Vase gesteckt wird. Jedes Licht drückt den Wunsch nach einer hellen, von Gott begleiteten Zukunft für das Paar aus. Jeder Zweig ist Zeichen für einen hoffnungsvollen Neubeginn sowie Lob und Dank an Gott.

Für diese textliche und optische Gestaltung dürfen aus den drei Kyrierufen gern sechs oder gar neun werden – drei Lichter oder drei Zweige wirken spärlich!

Das Kyrie musikalisch entfalten

Feiert man mit einer sangesfreudigen Gästeschar, wird man besondere Kyriemelodien, eine Kyrie-Litanei oder ein Kyrielied auswählen. Die Kirchengesangbücher bieten dafür beeindruckende Melodien. Man findet diese im Gotteslob unter den Nummern 153-165; im Evangelischen Gesangbuch sind sie unter Nummer 178 zusammengefasst.

Ein Lied als Kyrie

Ist der Gottesdienst schon reichlich mit Lesungstexten ausgestattet, empfehlen wir an dieser Stelle ein Lied.

Mögen Sie einen klassischen Choral singen lassen, prüfen Sie „Sonne der Gerechtigkeit", der textlich gut passt und bekannt ist (EG 263/GL 481). Hier sind drei Strophen, die Sie in den Kirchengesangbüchern beider Konfessionen finden:

1. Sonne der Gerechtigkeit, gehe auf in unsrer Zeit; brich in deiner Kirche an, dass die Welt es sehen kann. Erbarm dich, Herr.

3. Schaue die Zertrennung an, der kein Mensch sonst wehren kann; sammle, großer Menschenhirt, alles, was sich hat verirrt. Erbarm dich, Herr.

6. Lass uns deine Herrlichkeit ferner sehn in dieser Zeit und mit unsrer kleinen Kraft üben gute Ritterschaft. Erbarm dich, Herr.

Im Teil III dieses Buches finden Sie Vorlagen zur unterschiedlichen Entfaltung des Kyrie.

�ⅅⅅⅅⅅⅅⅅⅅⅅⅅⅅⅅⅅⅅⅅⅅⅅⅅⅅⅅⅅⅅⅅⅅⅅⅅⅅⅅ

Gloria – Loblied

So riefen es die Engel am Heiligen Abend den Hirten in der Dunkelheit zu: „Ehre sei Gott in der Höhe und auf Erden Fried', den Menschen ein Wohlgefallen." Dieser biblische „Lobpreis der Engel" hat unter dem Namen „Gloria" Einzug in die Gottesdienste der Christenheit gehalten und wird durch ein kräftiges Loblied ergänzt.

Hier nach dem Kyrie ist die richtige Stelle für ein Loblied, das dem weihnachtlichen Lobgesang der Engel nachempfunden ist. Hat man gerade „Herr, erbarme dich" gerufen, drückt man mit diesem Lobgesang aus: „Wir wissen, dass Gott sich erbarmt. Er kommt in unser Leben! Wie für die Hirten auf dem Feld am Heiligen Abend, so bricht heute für uns eine neue Zeit an. Wir fürchten uns nicht; wir sind überglücklich, also loben wir Gott!"

Die Wahl des Gloria-Liedes

Angebracht sind alle Lieder, die den Lobgesang der Engel (das Gloria) direkt vertonen. Sie stehen unter „Ehre sei Gott in der Höhe" in den Kirchengesangbüchern. Ebenso passen Loblieder, wie sie unter den Liedanfängen „Lob/Lobe/Lobet/Lobt/Lobsinget" in den Inhaltsverzeichnissen von Evangelischem Gesangbuch (EG) und Gotteslob (GL) zu finden sind. Es sind so bekannte ökumenische Lieder wie:

Lobe den Herren, den mächtigen König der Ehren (EG 316/GL 392)
Lobet den Herren alle, die ihn ehren (EG 447/GL 81)
Lobt froh den Herrn, ihr jugendlichen Chöre (EG 332/GL 396)
Lobet und preiset, ihr Völker, den Herrn (EG 337/GL 408)

Weitere bekannte Gesänge, die gut für das Gloria stehen können:

Allein Gott in der Höh sei Ehr (EG179/GL 170)
Gott in der Höh sei Preis und Ehr (EG 180.2/GL172)
Ich lobe meinen Gott, der aus der Tiefe mich holt (EG/GL 383)
Laudate omnes gentes (EG 181.6/GL 386)
Laudato si (EG 515)

Diese Lieder sind sehr unterschiedlich. Während ältere Gäste und regelmäßige Gottesdienstbesucher die traditionellen „Allein Gott in der Höh sei Ehr" und „Gott in der Höh sei Preis und Ehr" kennen, sprechen die flotten, modernen Melodien von „Ich lobe meinen Gott ..." und „Laudato si" eher die Jüngeren an. „Lobet und preiset ihr Völker den Herrn" ist ein Kanon und der Taizé-Gesang „Laudate omnes gentes" ein Kehrvers. Sie müssen aber nicht als solche gesungen werden. Diese kurzen Texte kann man mehrfach wiederholen. Sie sind leicht zu singen und schaffen eine besinnliche, feierliche Atmosphäre. Eindrucksvoll ist, wenn zwischen dem Wiederholen des Verses kurz Stille herrscht und jeweils jemand eine Blume in eine Vase am Altar steckt, bis ein Strauß entsteht, oder in der Stille eine Kerze angezündet wird. Solch symbolische Handlung betont (entfaltet) das Gloria.

Kurzer Ablauf mit weniger Gemeindegesang

Wurde ein ausführliches Kyrielied gesungen (nicht nur einzelne Erbarmungsrufe), entfällt das Loblied an dieser Stelle. Denn Gottesdienste sind immer dadurch geprägt, dass Gesang und gesprochene Abschnitte sich abwechseln und ergänzen. – Zwei Lieder sollten nicht unmittelbar aufeinander folgen.

Ein musikalischer Beitrag wie Sologesang oder Orgelspiel kann an dieser Stelle stehen.

Kyrie und Gloria können ganz entfallen. Dann beinhaltet dieser erste Hauptteil nur ein Gemeindelied. Diese Ausführungen und die hier empfohlenen Glorialieder gelten dann für das nächste Lied, das zwischen den Lesungen bzw. (bei nur einer Lesung) vor der Predigt steht.

))))

Tagesgebet / Psalmgebet

In jedem Gemeindegottesdienst endet der erste Hauptteil (Eröffnung und Anrufung) mit einem „Tagesgebet". Dieses fasst die Anliegen des jeweiligen Sonn- und Feiertages kurz und bündig zusammen. So drückt es z.B. Ostern die Freude über die Auferstehung aus und am Erntedankfest den Dank für alle guten Gaben der Schöpfung. Am Hochzeitstag fasst das Tagesgebet also die Hauptanliegen dieses speziellen Freudentages zusammen: Dank für die Liebe Gottes zu den Menschen / Dank für die Liebe dieser beiden Menschen / Bitte um Gottes Segen. Dieses Gebet wird von der versammelten Gemeinde mit „Amen" bestätigt, was „So sei es" bedeutet.

Beispiel für ein Tagesgebet zur Hochzeit

Pfarrer/Pfarrerin: „Liebevoller Gott, wir danken dir, dass du Inga und Michael füreinander geschaffen hast. Es ist eines deiner Wunder, dass sie sich begegnet sind, sich lieben und bedingungslos 'Ja' zueinander sagen. Gib, dass dieses 'Ja', das wir heute von ihnen hören werden, beständig bleibt. Schenke zu diesem menschlichen Vorhaben dein göttliches 'Amen'. Darum bitten wir dich, allmächtiger Vater, der du regierst mit Jesus Christus, deinem Sohn, und dem Heiligen Geist von Ewigkeit zu Ewigkeit."
Alle: „Amen."

Ein Psalm als Tagesgebet

Psalmen sind Gebete des Volkes Israel – älter als das Christentum. 150 davon stehen im Alten Testament. Es gibt mittlerweile zahlreiche Übersetzungen und Neuformulierungen in moderner Sprache. Prüfen Sie selbst, welchen Psalm Sie für sich passend finden. Das folgende Beispiel ist von uns nach Psalm 27 formuliert:

„Gott ist unser Licht und unser Heil; vor wem sollten wir uns fürchten? Gott ist unseres Lebens Kraft; wovor sollte uns grauen? Bei ihm sind wir sicher wie in einer Burg, darum blicken wir getrost in die Zukunft. Um Eines bitten wir unseren Gott, das ist unser Herzenswunsch, dass wir unter seinem Segen bleiben dürfen und er bei uns einzieht – alle Tage unseres Lebens. Wenn uns auch Vater und Mutter einmal verlassen müssen, bleibe du bei uns. Wir hoffen auf unseren Gott und gehen unseren Weg getrost und unverzagt."

Ging kein Kyrie voraus und wurde bisher noch kein Psalm gelesen, kann ein Psalm das Tagesgebet ersetzen oder ergänzen. Verwandte bzw. Freunde oder das Brautpaar selbst können das Tagesgebet/den Psalm sprechen.

2. VERKÜNDIGUNG / WORTGOTTESDIENST

Im ersten Hauptteil haben wir uns bekannt gemacht, begrüßt, mit Gebet und Gesang eine Gemeinschaft gebildet und uns mit unseren Anliegen an Gott gewandt. Wir haben unsere Freude, unsere Belastungen, unseren Dank und unsere Hoffnung ausgesprochen.

Im zweiten Hauptteil werden wir Gottes Antwort auf unsere menschlichen Fragen, Hoffnungen und Ängste hören. In der evangelischen Kirche heißt der 2. Hauptteil jeden Gottesdienstes „Verkündigung"; in der katholischen Kirche steht dafür der Begriff „Wortgottesdienst".

Grundsätzlich steht Verkündigung immer unter der Frage: „Was bewegt die Menschen jeweils und was kann man ihnen auf Grundlage der Bibel in diese Lebenssituation hinein zurufen?" Für die Trauung heißt das: „Welche Worte kann man im Auftrag Gottes den beiden – die sich lieben und entschieden haben, miteinander das Leben zu teilen – und allen, die ihnen in Liebe verbunden sind, verkünden?" Wir können auch hier zwischen einer kurzen und einer entfalteten Form unterscheiden.

Die Kurz-Form besteht mindestens aus:

- Schriftlesung
- Predigt

Die entfaltete Form kann folgende Abfolge haben:

Erste Lesung
Halleluja
Zweite Lesung
Predigt
Musikbeitrag und/oder Gemeindelied

Erste Schriftlesung

Schon in den Gottesdiensten der frühen Christenheit wurde es üblich, die Lesungen in eine Reihenfolge zu bringen, die ihrem Entstehungsalter entspricht. So liest man zunächst aus dem Alten Testament, dann aus den Briefen der Apostel (sie wurden schon bald nach Jesus geschrieben) und schließlich einen Evangeliumstext. Die Evangelien entstanden erst Jahrzehnte nach Jesus.

Da bei der Trauung drei verschiedene Texte zu viel sind, wird man sich auf zwei oder eine Lesung/en beschränken. Enthält der Gottesdienst zwei Lesungen, steht hier also ein Text aus dem Alten Testament oder aus den biblischen Briefen; ebenso ist eine nichtbiblische Lesung möglich.

Wählen Sie aus der Bibel bzw. aus Teil III dieses Buches einen Lesungstext, der Ihnen zusagt. Beantworten Sie sich selbst die Frage, warum der Text Sie „berührt". Sprechen Sie mit Freundinnen, Freunden und Verwandten darüber und erläutern Sie dem Pfarrer/der Pfarrerin Ihre Gedanken beim Traugespräch.

Der Text muss nicht aus der Bibel sein!

Hier kann ein nichtbiblischer Text gelesen werden. Geeignet sind Gedichte, Geschichten und Gedanken zum Thema Liebe. Einige Bücher haben sich zu Kultbüchern entwickelt, aus denen an Wendepunkten des Lebens gerne vorgelesen wird. Dazu gehören insbesondere „Der kleine Prinz" von Antoine de Saint-Exupéry und „Der Prophet" von Khalil Gibran. Haben Sie keine Scheu, Ihre Lieblingsgedichte oder Texte Ihres Lieblingsautors daraufhin zu prüfen, ob sie sich für die Lesung eignen.

Sprechen Sie mit den Geistlichen darüber.

Jemand aus dem Freundeskreis oder der Verwandtschaft liest!

Eine Person aus dem Freundes- oder Verwandtenkreis des Paares sollte das Lesen dieses Textes übernehmen. Soweit wir christliche Gottesdienste zurückverfolgen können, haben Menschen aus der Gemeinde (nicht die Geistlichen) Texte vorgetragen. (Lediglich das Verlesen des Evangeliums war lange Zeit allein den Geistlichen erlaubt.) In der kirchlichen Tradition werden diejenigen, die lesen, „Lektoren" genannt. Knüpfen Sie an diese Tradition an, suchen Sie schon frühzeitig Lektoren bzw. Lektorinnen für Ihre Hochzeit. Es macht den Gottesdienst lebendig, wenn die Möglichkeiten genutzt werden, Freunde und Bekannte aktiv einzubeziehen.

Die Lesung als Überraschung für das Brautpaar

Das Brautpaar muss von dem Text vorher nichts wissen. Er kann eine Überraschung sein. Frühzeitig sollten Freunde und Verwandte gebeten werden, einen Text auszusuchen und im Gottesdienst zu lesen. Das Buch, aus dem der Text gewählt wurde, ist dann ein sinnvolles Hochzeitsgeschenk; vielleicht mag auch jemand den Text abschreiben und (mit dem Computer) gestalten. Er wird dann eingerahmt, aufgehängt oder in ein Erinnerungsbuch geklebt.

Das müssen Leser/Leserinnen bedenken!

Oft werden biblische Texte in sehr getragenem Ton gelesen, der wohl ihre „Heiligkeit" unterstreichen soll. Dabei werden zu viele Worte betont. Das Ergebnis ist, dass das Zuhören schwerfällt. Lektoren sollten versuchen, ganz natürlich zu lesen – wie man normalerweise spricht, allerdings lauter. Der Text muss von der vortragenden Person selbst verstanden und durchdacht sein. Es ist – zumindest zu Übungszwecken – hilfreich, darauf zu achten, beim Lesen in jedem Satz ein Wort zu betonen.

Der Lektor/die Lektorin sollte die äußeren Bedingungen frühzeitig klären: Von welcher Stelle wird gelesen? Steht das Mikrofon richtig? Wie nah muss ich ans Mikrofon? Wie laut und wie langsam muss ich sprechen, damit man mich überall in der Kirche gut versteht? Es gibt sicher die Möglichkeit, solche Fragen vorher zu klären und das Lesen in der Kirche zu üben. Natürlich muss es nicht perfekt sein – ein Gottesdienst ist keine Theatervorstellung; aber die technischen und akustischen Bedingungen sollten stimmen.

Die Aufmerksamkeit auf den Text lenken!

Warum ein Text ausgesucht wurde, kann einleitend zur Lesung kurz erklärt werden. Das interessiert die Zuhörer und Zuhörerinnen, macht neugierig auf den Text und bewirkt, dass er bewusst angehört wird.

Ein Beispiel zu einer Textstelle aus „Der kleine Prinz" von Saint-Exupéry, die z.B. ein Freund des Bräutigams liest:

> „Es gibt eine Geschichte, die sehr schön zeigt, was es heißt, einander anvertraut zu sein. Ich habe sie oft und gern gelesen und immer wieder neue Weisheiten darin entdeckt für das Zusammenleben zweier Menschen. Ich möchte sie euch mit auf euren gemeinsamen Weg geben. Ich lese ein Stück daraus vor und schenke euch dann das Buch, in der Hoffnung, dass es euch hilft, das Geheimnis eurer Liebe immer wieder neu zu entdecken."

Es folgt die Lesung oder Erzählung des Abschnittes, in dem der kleine Prinz auf der Erde im Rosenfeld landet, bis zur Stelle, wo der Fuchs ihm die Weisheiten mitgibt: „Der Mensch sieht nur mit dem Herzen gut" und „Du bist zeitlebens verantwortlich für das, was du dir vertraut gemacht hast". Diese Lesung finden Sie hinten in Teil III.

Ein weiteres Beispiel zeigt, wie der biblische Text, den z.B. die Mutter der Braut liest, durch eine vorausgehende Erklärung den Zuhörenden nahegebracht wird:

„In einem Brief schrieb der Apostel Paulus vor fast 2000 Jahren, welche Ansprüche er an die Liebe stellt. Erschreckt nicht vor diesen hohen Ansprüchen. Natürlich kann eure Liebe nicht so fehlerlos sein. Menschliche Liebe hat immer auch Schwächen. Aber als idealer Maßstab können die Sätze helfen, in der alltäglichen Bedrohung die Liebe immer neu zu finden. Vor 30 Jahren wurde der Text zu unserer Trauung vom Pfarrer gelesen. Heute möchten wir ihn an euch weitergeben." (Es folgen ausgewählte Verse aus dem Hohelied der Liebe, 1. Korinther 13.)

Eine Geschichte erzählen

Statt eine Geschichte zu lesen, kann sie erzählt werden. Es kann eine der Geschichten über die wahre Liebe sein, die in Teil III dieses Buches stehen. Oder nehmen Sie eine Geschichte aus einer Kinderbibel, besonders wenn Kinder anwesend sind. Aber nicht nur für Kinder ist der Text der Luther- oder der Einheitsübersetzung oft schwer zu verstehen. Nur wenn man sicher ist, dass der größte Teil der Gäste die Lesung inhaltlich versteht, hat sie einen Sinn. Bitten Sie ggf. den Pfarrer/die Pfarrerin, Ihnen bei der Textauswahl behilflich zu sein.

☽☽☽☽☽☽☽☽☽☽☽☽☽☽☽☽☽☽☽☽☽☽☽☽☽☽☽☽

Zwischengesang / Musik / Halleluja

Zwischen den Lesungen ist Platz für ein ausführliches Gemeindelied, für Sologesang oder ein Halleluja. Gemeindelied oder Sologesang ergänzen die Aussage der Lesung. Passend sind Lieder, welche die Liebe beschreiben oder um Segen bitten. Hallelujalieder sind ebenso angebracht. Ein Halleluja an dieser Stelle ist einerseits wie Applaus für den vorher gelesenen Text, ein „Ja, das finden wir gut, das haben wir verstanden", und zugleich eine Ankündigung und jubelnde Begrüßung des folgenden Evangeliums.

Gemeindelied zwischen den Lesungen

Die Gemeinde hat viel zugehört und es werden noch weitere Texte folgen. Da ist es gut, wenn sie nun mit einem Lied selbst aktiv werden kann. Ein Gemeindelied ist also an dieser Stelle die beste Wahl.

- Herr, vor dein Antlitz treten zwei (EG 238)
- Gott, der nach seinem Bilde (GL 499)
- Danke-Lied (Hochzeitstext)
- Herr, deine Liebe (EG)
- Liebe ist nicht nur ein Wort (EG/GL)
- Komm, Herr, segne uns (GL 451)
- Ins Wasser fällt ein Stein (EG)
- Maria, breit den Mantel aus (GL 534)
- Gottes Liebe ist wie die Sonne (modernes Liedgut)

Sologesang und Instrumentalmusik

Wie auch an den anderen Stellen im Ablauf, die durch ein Lied bzw. Gemeindegesang gekennzeichnet sind, kann hier Sologesang oder Instrumentalmusik stehen. Möchte man etwas von Künstlern singen bzw. spielen lassen, eignen sich hier aber nicht Lieder, die eine persönliche Liebeserklärung sind, wie „I will love you baby" (Bon Jovi), „Can you feel the love tonight (Dir gehört mein Herz)" (Elton John), „Come away with me" (Norah Jones), „Du bist das Beste, was mir je passiert ist" (Silbermond), „I will always love you" (Whitney Houston), „I Want to Grow Old With you" (Westlife). Solche und ähnlich innige Liebeserklärungen hebt man bis zur Trauzeremonie auf; sie haben ihren Platz im Anschluss an den Trausegen bzw. Brautkuss. Liebe kann hier zwischen den Lesungen Thema sein, aber eher allgemein, wie in folgenden geistlichen und weltlichen Liedern:

- Ich bete an die Macht der Liebe
- Amazing Grace

- The Rose (Bette Midler)
- A moment like this (Kelly Clarkson)
- Angels (Robbie Williams)
- Lass es Liebe sein (Rosenstolz / Adoro)
- Liebe ist (Nena)
- One moment in time (Whitney Houston)
- Book of love (Peter Gabriel)
- Ode an die Freude (Beethoven)

„Amazing Grace" ist das weltweit am häufigsten gesungene Kirchenlied. Wenn man der Gemeinde zutraut, Englisch zu singen, kann es hier als Gemeindelied stehen. Die dazu vorliegenden deutschen Texte können wir nicht empfehlen.

Beethovens „Ode an die Freude" (bekannt auch als „Song of Joy" oder „Freude schöner Götterfunken") ist in jeglicher Beziehung passend. Seit es bei der kirchlichen Trauung von Prinz Carl Philip von Schweden mit Sofia Hellqvist in der Kirche erklang, hört man es auch bei uns wieder häufiger. Als Gesang oder als Instrumentalstück kann es hier als Halleluja oder später zum Auszug erklingen.

Leonard Cohens „Halleluja" aus dem Jahr 1984 wird für Hochzeitsgottesdienste oft gewünscht – zumal, seit Pfarrer Ray damit zum weltweiten YouTube-Star wurde und die Suchmaschinen unter dem Begriff *Halleluja* in erster Linie sein Lied auswerfen. Das sehnsuchtsvoll vorgetragene Lied nimmt Bezug auf die leidenschaftliche Affäre zwischen König David und Batseba. Ein wunderbares Lied, doch weder musikalisch noch inhaltlich passt es an diese Stelle. Es kann ebenfalls später den Trausegen und Brautkuss abrunden.

Die Musik an dieser Stelle muss live sein. Spielen Sie hier keine „Songs aus der Konserve", also nicht von CD oder USB-Stick. Die Gemeinde hört in diesem ersten Teil des Gottesdienstes viel zu, da muss sie zwischen den Lesungen zumindest Aktion sehen oder besser selbst aktiv werden dürfen. Prüfen Sie also auch die folgenden Vorschläge für den Gemeindegesang.

Halleluja-Verse und Kanons

Will man mit einem einfachen Halleluja-Vers auf die erste Lesung antworten und/oder die folgende Evangeliumslesung einleiten, findet man dazu in den Kirchengesangbüchern viele klassische sowie moderne Melodien unter den Stichworten: *Halleluja, Jubelt, Jubilate, Freut euch.* Wählt man einen entsprechenden Kanon, so muss dieser nicht mehrstimmig als Kanon gesungen werden – wie einen Halleluja-Vers kann man ihn einfach mehrmals wiederholen.

- Jubilate Deo, omnis terra (EG)
- Jubilate Deo, Halleluja (EG 181.7/GL 398)
- Gottes Wort ist wie Licht in der Nacht (EG/GL 450)
- Freut euch im Herrn (Taizé-Gesang: EG)

Halleluja als mehrstophiges Lied

- Suchet zuerst Gottes Reich / Ihr seid das Volk (EG 182/GL 483)
- Herr, deine Liebe ist wie Gras und Ufer (EG)
- Du meine Seele singe (EG 302/GL 759)
- Wer nur den lieben Gott lässt walten (EG 369/GL 296)
- Wohl denen, die da wandeln (EG 295/GL 614)

Wurde der 1. Gottesdienst-Teil kurz gestaltet und aufs Gloria verzichtet, kann ein unter „Gloria" empfohlenes Lied hier gesungen werden.

Halleluja gesanglich gestalten

Das Lied „Suchet zuerst Gottes Reich / Ihr seid das Volk" (EG 182/ GL 483) wird durch ein ausführliches Halleluja eingeleitet. Ein Teil der Gemeinde oder ein kleiner Chor kann diesen Vers kontinuierlich wiederholen, während der andere Teil die Strophen singt. Das unterstreicht in besonders schöner Form den Jubelcharakter.

Kunstgesang (Chor oder Solostimme) und Gemeindegesang wurden schon in den frühchristlichen Gemeinden gern miteinander verbunden. Knüpfen wir an diese Tradition an, so bedeutet dies z.B., dass ein Chor und die Gemeinde sich strophenweise abwechseln. Auch Solostimmen oder Instrumente können einzelne Strophen interpretieren – abwechselnd mit der Gemeinde.

Textliche Gestaltungsmöglichkeit

Formulieren Sie mit eigenen Worten Freude, Lob, Dank. Dieser Text kann den Platz der ersten Lesung einnehmen, wobei einzelne Abschnitte von der Hochzeitsgemeinde jeweils mit einem gesungenen Halleluja beantwortet werden. Ein umformulierter Psalmtext kann Grundlage dieser Litanei sein. Mehrere Lektoren können beteiligt werden. Inhaltlich eignen sich die Psalmen 8, 16, 18f., 21, 23, 27, 31, 34, 36, 57, 63, 65, 98, 103f., 145, 147. Solches Vorhaben ist sinnvoll, wenn der erste Hauptteil des Gottesdienstes kurz (ohne Kyrie, Gloria, Psalm) gehalten wurde. Auch muss es mit den Kirchenmusikern abgesprochen sein, die ggf. das Halleluja einüben bzw. vorsingen. Hier ein Beispiel, in welches Verse aus Psalm 36 eingearbeitet sind.

Trauzeugin: „Großer Gott, deine Güte reicht, so weit der Himmel ist, deine Treue, so weit die Wolken ziehen. Du hast Inga und Michael bis hierher begleitet; unter deiner schützenden Hand dürfen sie weitergehen."
Alle singen: „Jubilate Deo, Halleluja!"
Trauzeuge: „Deine Gerechtigkeit ist fest wie ein Berg, und deine Urteile, großer Gott, sind tief wie das Meer. So können sie jedem Unrecht sicher entgegentreten, und falsche Urteile brauchen sie nicht zu fürchten."
Alle singen: „Jubilate Deo, Halleluja!"
Trauzeugin: „Du, Gott, bist die Quelle des Lebens, du bist das Licht, das Hoffnung schenkt. So dürfen sie glücklich sein, und auf all ihren Wegen werden sie Licht am Horizont sehen."
Alle singen: „Jubilate Deo, Halleluja!"

Evangelium

Die Botschaft der Liebe, die Jesus Christus den Menschen brachte, bezeichnen wir Christen als „Frohe Botschaft". Das griechische Wort dafür ist „Evangelium". Vier biblische Schriften tragen diese Bezeichnung: die Evangelien von Matthäus, Markus, Lukas und Johannes. Betrachtet man die Entstehungszeit der biblischen Schriften, sieht man, dass die Evangelien als Letztes entstanden. Also ist das Evangelium die letzte Lesung vor der Predigt.

Der Evangeliumslesung wird seit jeher eine besondere Bedeutung zugeschrieben. Um dies zu unterstreichen, ist es besonders in der katholischen Kirche üblich, dass die Gemeinde dazu aufsteht.

Den Text einleiten

Warum aus den Evangelien gerade dieser Text ausgesucht wurde, welche Bedeutung er für das Paar bzw. die vortragende Person hat, kann vor der Verlesung mit kurzen Worten erklärt werden. Diese Erklärung soll nur wenige Sätze lang sein, sie darf keine „kleine Predigt" werden. Vergleichen Sie dazu weiter oben im Kapitel „Erste Schriftlesung" den Abschnitt „Die Aufmerksamkeit auf den Text lenken".

Das Evangeliumslesung entfalten

Zwei Leuchter mit entzündeten Kerzen können der Person, die das Evangelium liest, auf dem Weg zum Lesepult vorangetragen werden. Die Kerzenträger flankieren dann während der Lesung mit ihren Kerzen das Pult. Dieser Brauch ist seit dem 4. Jahrhundert bekannt und wird vornehmlich in der katholischen Kirche praktiziert. Die Aussage dieser eindrucksvollen symbolischen Handlung ist eindeutig: „Das Evangelium ist ein Licht in der Dunkelheit der Welt. Der Text soll dem Brautpaar auf dem gemeinsamen Weg leuchten." Eine passende Abschlussformel nach der Lesung, wie „Du bist das Licht der Welt, Lob sei dir, Christus", verdeutlicht die Aussage der Symbolhandlung, ohne dass sie eigens erklärt werden muss. – Als Antwort auf die Lesung kann Instrumentalmusik folgen, die den Text nachwirken lässt und Raum zum Nachsinnen gibt. Auf ein Lied sollte hier verzichtet werden, da es die Lesung von der folgenden Predigt trennen würde.

))))

Predigt

Predigten sind seit je zentraler Bestandteil christlicher Gottesdienste. Die ersten Predigten wurden von den Aposteln gehalten (oder aufgeschrieben). Daraus entstand das Neue Testament. Die Schriften müssen natürlich immer wieder neu in die jeweilige Zeit und Situation übertragen werden. Das ist Aufgabe jeder Predigt. Die Predigt am Hochzeitstag ist also geprägt von einer Bibelstelle (Trauspruch oder anderer Text) und dadurch, dass zwei sich liebende Menschen für ein gemeinsames Leben „Ja" zueinander sagen. Auf diese Situation hin wird der Bibeltext ausgelegt.

Dem Prediger Anhaltspunkte liefern

Offen und ehrlich sollten Braut und Bräutigam im Traugespräch mit dem Pfarrer/der Pfarrerin sprechen. Beide sollten darlegen, was sie fühlen, glauben, hoffen, welche Enttäuschungen hinter ihnen liegen, welche Ziele sie haben. Dazu gehört auch, warum man bestimmte Texte bevorzugt bzw. ablehnt. Die Predigt wird umso persönlicher und treffender, je mehr der Pfarrer/die Pfarrerin das Brautpaar im Gespräch kennenlernt. Die Geistlichen werden sensibel genug sein zu spüren, welche Informationen wie in die Predigt „eingebaut" werden dürfen und welche dagegen nicht für die Öffentlichkeit bestimmt sind.

Es ist durchaus hilfreich für die Geistlichen, wenn Sie als Brautpaar wichtige Stationen Ihres Lebenslaufs und des bisherigen gemeinsamen Weges aufschreiben. Auch Ihre Gedanken über Ihre Liebe, Ihre Hoffnungen und Ihren Glauben kann dieser Text enthalten.

Brautpaar und Zuhörer werden geduzt

Zumindest während der Predigt ist es üblich, dass Geistliche die Brautleute und die Hochzeitsgesellschaft duzen – also in der 2. Person ansprechen. Dieses „Du" oder „Ihr" und „Euch" ist das sogenannte „Paulinische Du", wie wir es aus der Bibel kennen. Das ist grundsätzlich die angemessene Form, eine Gemeinde in der Predigt anzusprechen; denn hier treten wir aus dem Alltagsgeschehen heraus, wo die meisten Menschen mit „Sie" angesprochen werden. Wir verhalten uns im Gottesdienst so, als wäre die „ideale Gemeinschaft von Brüdern und Schwestern", die uns die Bibel vor Augen hält, schon real.

Die Predigt optisch bereichern

Optische Elemente können während der Traupredigt eine Rolle spielen. Wurde z.B. der Trauspruch auf ein Transparent geschrieben, ein Bild dazu gemalt oder eine Collage erstellt, so wird diese Darstellung nun an die Wand gehängt, am Altartuch befestigt oder hochgehalten.

Kein/e Gesang oder Musik nach der Predigt?

Im Gemeindegottesdienst wird nun ein Lied gesungen, das inhaltlich zur Predigt passt. Die Gemeinde hat dabei Gelegenheit, das Gesagte nachwirken zu lassen. Im Traugottesdienst ist die Situation eine andere. Die gesagten Worte werden in der Liebe des Paares lebendig; die Trauzeremonie mit Jawort, Ringwechsel, Segen und Brautkuss ist also die unmittelbare Fortsetzung der Predigt. Dieser Zusammenhang sollte weder durch Gesang noch Musik unterbrochen werden.

3. TRAUUNG

Bis in die Neuzeit hinein bedeutete Trauung: Die Frau wird dem Mann anvertraut. Dieses Verständnis beinhaltete nicht eine Geringschätzung der Frau – wie oft oberflächlich angenommen wird. Im Gegenteil: Die Kirche verstand sich als Anwältin der Frau. Es ging ihr darum, die Frau und ihre zukünftige Mutterschaft zu schützen. Bei der Trauung stand die Frau im „Mittelpunkt der Verehrung".

Heute dürfen wir die Bedeutung der Trauung so verstehen, dass beide Partner einander anvertraut werden. Sie nehmen sich gegenseitig aus Gottes Hand, bekennen ihre Liebe zueinander, versprechen sich gegenseitig liebevolle Verhaltensweisen, danken Gott und bitten um seinen Segen.

Dieser Hauptteil beinhaltet zumindest folgende Elemente:

- Traufrage
- Jawort oder/und Vermählungsspruch
- Ringwechsel
- Bestätigung der Ehe
- Segnung des Paares
- Lied bzw. Musik
- Fürbitten mit Vaterunser

Fragen nach der Bereitschaft

Für die Kirche ist wichtig, dass die Ehe durch den freien Willen von Mann und Frau gegründet wird. Kein anderes Motiv als die Liebe soll hinter dem Jawort des Paares stehen. In früheren Zeiten – als es durchaus üblich war, dass Menschen zur Ehe gedrängt oder gar gezwungen wurden – war es notwendig, die Freiwilligkeit und Bereitschaft ausdrücklich zu prüfen und öffentlich auszusprechen. Die Kirche stellte sich damit insbesondere hinter die Frauen und schützte sie vor Zwängen der Familie bzw. Großfamilie, die ihr vielfach bis ins 20. Jahrhundert hinein die eigene freie Entscheidung nicht zugestehen wollte.

In der katholischen Kirche gehört es daher zum festen Ablauf, dass Braut sowie Bräutigam ihren Wunsch zur Ehe nun öffentlich bekennen. Diese Bereitschaft beinhaltet nach christlichem Verständnis folgende Bereiche: Man geht ohne Zwang, aus freiem Entschluss, allein aus Liebe den Ehebund ein; man hat den Willen zur Monogamie (Ehe mit einer Partnerin/einem Partner); man ist zum lebenslangen Bündnis entschlossen; man ist sich der Bedeutung der Trauung und der christlichen Verantwortung bewusst.

Die evangelische Kirche verzichtet auf diese gesonderte Befragung und sieht das Bekenntnis zur Bereitschaft im Traubekenntnis und im Jawort enthalten.

Die Frage nach der Bereitschaft zur christlichen Ehe kann lauten:

Pfarrer: „Michael, ich frage dich, bist du gekommen, um nach reiflicher Überlegung und aus freiem Entschluss mit Inga den Bund der Ehe zu schließen?"
Bräutigam: „Ja."

Pfarrer: „Willst du deine Frau lieben und achten und ihr die Treue halten alle Tage deines Lebens?"

Bräutigam: „Ja."

Der Geistliche wendet sich dann mit denselben Fragen an die Braut. Zum Abschluss werden die Brautleute gemeinsam gefragt:

Pfarrer: „Seid ihr bereit, die Kinder, die Gott euch anvertrauen will, liebend anzunehmen und sie im Geist Christi und seiner Kirche zu erziehen?"

Braut und Bräutigam: „Ja."

Pfarrer: „Seid ihr bereit, als christliche Eheleute Mitverantwortung in der Kirche und in der Welt zu übernehmen?"

Braut und Bräutigam: „Ja."

Die Frage nach den Kindern entfällt natürlich, wenn die Situation es nahelegt, dass keine Kinder erwartet werden.

Auch bei der Befragung und im Rahmen der folgenden Trauzeremonie werden die Brautleute geduzt. Oft scheuen Geistliche das „Du" gegenüber dem Brautpaar und benutzen das unpersönliche, unangebrachte „Sie". Sprechen Sie diesen Punkt schon im Traugespräch an; erklären Sie, dass Sie gern in dieser biblischen, vertraulichen Weise angesprochen werden.

Bei einer evangelischen Trauung (wie auch der „ökumenischen Trauung" in der evangelischen Kirche) ist diese Befragung zwar nicht vorgesehen, aber durchaus möglich. Möchten Sie Ihren freien Willen, die christliche Erziehung der Kinder und Bereitschaft zur Mitverantwortung für Kirche und Welt ausdrücklich bekunden, sagen Sie dies im Traugespräch den Geistlichen. Suchen Sie gemeinsam nach der angemessenen Form und den entsprechenden Worten.

Vermählung

Die Vermählung geschieht durch die Trauerklärung, auch Traubekenntnis, Trauversprechen, Treuegelübde oder Ehegelübde genannt. Es ist ein intimes und doch öffentliches Bekenntnis vor Gott und allen Anwesenden; daher wird es laut gesprochen. Dieses Bekenntnis zueinander ist die eigentliche Tauung. Braut und Bräutigam vertrauen sich einander an, trauen sich also und schließen damit den Ehebund. Nicht Geistliche trauen das Paar; sie bestätigen lediglich den durch das Traubekenntnis entstandenen Bund. So gesehen ist dies der bedeutendste Moment des Hochzeitsgottesdienstes.

Das Brautpaar kann zwischen drei unterschiedlichen Formen wählen:

1. Vermählung durch das Jawort („Ja" als Antwort auf die Traufrage);
2. Vermählung durch Vermählungsspruch (persönlich gesprochene Trauerklärung);
3. Verbindung beider Formen – die Vermählung geschieht dabei durch das Jawort, Braut und Bräutigam ergänzen dies durch eine persönlich formulierte Erklärung.

Vermählung durch das Jawort

Der Pfarrer/die Pfarrerin fragt Braut und Bräutigam nacheinander nach der Bereitschaft zur Ehe, also zu lebenslanger Treue und Verantwortung. Beide antworten jeweils „Ja" oder „Ja, mit Gottes Hilfe".

Pfarrer: „Michael, willst du Inga als deine Ehefrau aus Gottes Hand nehmen, sie lieben und ehren und die Ehe mit ihr nach Gottes Gebot und Verheißung führen in guten und in bösen Tagen, bis der Tod euch scheidet, so antworte: Ja, mit Gottes Hilfe."
Bräutigam: „Ja, mit Gottes Hilfe."

Dann stellt der Pfarrer/die Pfarrerin dieselbe Frage der Braut.

Vermählung durch den Vermählungsspruch

Bei dieser Form antworten die Brautleute nicht nur mit „Ja", sondern sprechen sich das ganze Ehegelübde gegenseitig zu. Der Geistliche leitet dies z.b. so ein: „Wir haben mit den biblischen Worten gehört, dass die Ehe eine Gabe Gottes ist. Ihr wollt diese Gabe gern annehmen und euch Liebe und Treue geloben. Versprecht euch dies im Angesicht Gottes und dieser Gemeinde."

Die Brautleute wenden sich einander zu.

Der Bräutigam spricht: „Inga, vor Gottes Angesicht nehme ich dich an als meine Frau. Ich verspreche dir die Treue in guten und bösen Tagen, in Gesundheit und Krankheit, bis der Tod uns scheidet. Ich will dich lieben, achten und ehren alle Tage meines Lebens."

Nun spricht die Braut das entsprechende Bekenntnis zum Bräutigam.

Möchte das Brautpaar den Vermählungsspruch umformulieren, so muss jedenfalls Treue gelobt werden (nur mit dir!) und diese Treue soll ausdrücklich ein Leben lang gelten („bis dass der Tod uns scheidet" – oder in ähnlicher Formulierung).

Vermählung durch das Jawort plus Vermählungsspruch

Ob in der evangelischen oder katholischen Kirche – das Paar darf dem Jawort gern einen selbst formulierten „Vermählungsspruch" anfügen. Kirchenrechtlich gesehen ist dies kein Vermählungsspruch, der die Ehe besiegelt, sondern eine Liebeserklärung am Traualtar.

Im Folgenden wird der Ringwechsel direkt mit dieser Liebeserklärung verbunden:

Er: „Wie habe ich mich nach dir gesehnt, habe geträumt, einen Augenblick dir nahe zu sein. Der Augenblick hat mich schon glücklich gemacht, doch er ist mir nicht mehr genug. – Selbst eine Stunde ist nicht mehr genug, ein Tag ist nicht mehr genug. Ein Leben lang soll es sein. Darum sage ich: Ja, ja, ja, ich will! Nimm diesen Ring als Zeichen meiner Treue."

Sie: „Ich fühlte mich hingezogen zu dir, wollte dir nahe sein. Nun bist du ein Teil von mir. Ich bin ein Teil von dir, so nahe sind wir uns. Mein Leben ist neu durch dich. Darum sage ich: Ja, ja, ja, ich will! Nimm diesen Ring als Zeichen meiner Treue."

Andere und eigene Texte sind möglich. In Teil III dieses Buches finden Sie Vorlagen. Überlegen Sie, was Sie Ihrem Partner/Ihrer Partnerin öffentlich und feierlich – vor Gott und der Gemeinde – sagen möchten. Die Texte müssen natürlich mit den Geistlichen abgesprochen werden. Dies ist einer der Punkte für das Ehevorbereitungsgespräch.

Ein Liedtext als Liebeserklärung

Es gibt zahlreiche moderne Liebeslieder, deren Texte sich gut eignen, als Ergänzung zum Jawort oder zum Vermählungsspruch gesprochen zu werden, wie folgende beide Textauszüge beispielhaft zeigen:

„Du guckst mich an, und ich geh mit. Und der ist ewig, dieser Augenblick. Ich will dich tragen, ich will dich lieben. Liebe will nicht, Liebe ist." (aus: „Liebe ist" von Nena)

„Ich habe einen Schatz gefunden, und der trägt deinen Namen. Deshalb leg ich meine kleine große Welt in deine schützenden Hände. Du bist das Beste, was mir je passiert ist. Es tut so gut, wie du mich liebst." (aus: „Das Beste" von Silbermond)

Auch Texte englischer Lovesongs können zu einer Liebeserklärung am Traualtar werden. Ein solcher Songtext kann abwechselnd in deutscher Übersetzung und englischem Original gelesen werden:

„Ich möchte mein Leben mit dir verbringen. Ich möchte mein Leben damit verbringen, dich zu lieben, selbst wenn es das Einzige im Leben ist, was ich tue." („I want to spend my lifetime with you. I want to spend my lifetime loving you, if that is all in life I ever do" – aus: „I want to spend" von Zorro.)

„So viele Träume hatte ich tief in mir, allein in der Dunkelheit. Aber jetzt kamst du und erleuchtest mein Leben. Du gibst mir Hoffnung für die Zukunft. Du erleuchtest meinen Tag und füllst meine Nächte mit einem Lied." („So many dreams I kept deep inside me alone in the dark. But now youv've come along and you light up my life. You give me hope to carry on. You light up my day and fill my nights with song" – aus: „You light up my life" von Whitney Houston.)

Beeindruckend ist, wenn im Anschluss an die Trauzeremonie noch das dazugehörige Lied erklingt und es am Abend die Melodie für den Eröffnungstanz ist.

Text ablesen oder auswendig sprechen?

Muten Sie sich nicht zu, den offiziellen Vermählungsspruch oder die persönliche Erklärung auswendig zu sprechen. Zu groß ist die Anspannung an diesem Tag – und damit die Gefahr zu stocken. Sie dürfen den Text gerne ablesen. Doch schauen Sie sich zu Beginn und am Ende, bei langen Texten auch zwischendurch, in die Augen. Wichtig ist, dass Sie ihn laut sprechen; denn Ihre Gäste möchten gern verstehen, was Sie sagen.

Ringwechsel

Der Ring ist eines der ältesten Symbole überhaupt. Im alten Griechenland, sagt man, soll es üblich gewesen sein, dass zwei Liebende einen eisernen Ring zerbrachen, wenn der Partner auf eine lange Reise ging. Am Ziel angekommen, sandte er die Hälfte des Ringes zurück in die Heimat. Die zurückgebliebene Geliebte setzte beide Teile wieder zusammen und hatte nun die Gewissheit: „Es geht ihm gut; auch wenn ich ihn nicht sehen kann, ist er doch in Gedanken bei mir und ich bin bei ihm. Rund und heil wie der Ring ist unsere Liebe."

Später bedeutete die Übergabe des Ringes durch den Mann an die Frau auch: „Meinen Siegelring, den ich nie aus der Hand gab, gebe ich nun dir. Diesen Ring, der meine Macht und meinen Besitz anzeigt, vertraue ich dir an, denn dir vertraue ich ungebrochen. Ich teile alles, was ich habe, mit dir."

Der Ring ist das Symbol der Zusammengehörigkeit und endlosen Liebe zweier Menschen zueinander. Durch das Anstecken eines Ringes am Traualtar kommt noch etwas hinzu: Die Kraft Gottes wird ausdrücklich mit dem Symbol Ring und dem Ehebund in Verbindung gebracht. Der Ringwechsel und das Reichen der Hände in der Kirche sind also mehr als eine bloße Wiederholung der schon im Standesamt erfolgten Zeremonie.

Das Anstecken der Ringe

Der Pfarrer/die Pfarrerin reicht den Brautleuten die Ringe auf einem Tablett oder einem kleinen Kissen und spricht:

„Gebt einander die Ringe als Zeichen eurer Liebe und Treue."

Die Brautleute nehmen die Ringe und stecken sie sich gegenseitig an den Finger. Dies kann still geschehen, oder sie sprechen dazu jeweils:

„Nimm diesen Ring als Zeichen meiner Liebe und Treue."

In manchen Kirchen ist es üblich, dass der Pfarrer/die Pfarrerin die Ringe vom Tablett nimmt und sie Braut und Bräutigam nacheinander auf die Fingerkuppen setzt, damit Braut und Bräutigam sie sich dann anstecken können.

Wenn der Verlobungsring zum Trauring wird

Tragen die Brautleute die Ringe schon an der linken Hand, so nimmt zunächst der Bräutigam den Ring von der linken Hand der Braut und steckt ihn auf ihre rechte Hand. Danach tut dies die Braut mit dem Ring des Bräutigams.

Was sprechen Braut und Bräutigam zum Ringwechsel?

Eine kurze Formel ist:

„Trag diesen Ring als Zeichen meiner Liebe und Treue."

Andere Formulierungen sind möglich. Der Symbolcharakter des Ringes steht dabei im Mittelpunkt. Es soll keine Wiederholung des Trauversprechens sein, das vorher gegeben wurde. Daher ist dieser Zuspruch kurz – er umfasst üblicherweise nur einen Satz. Hier einige Beispiele:

„Ob ich nah bin oder fern, dieser Ring möge dich jederzeit daran erinnern, dass ich in Liebe und Treue bei dir bin."

„So rund, so heil, so endlos wie dieser Ring, so soll meine Liebe sein; dazu helfe uns Gott."

„Trage diesen Ring als Zeichen dafür, dass meine Liebe zu dir heil und unzerbrechlich ist und dass die Liebe Gottes bei uns ist."

„Die Liebe, die mich durchzieht, die Treue, die ich dir verspreche, sei immer durch diesen Ring sichtbar."

„Unsere Liebe sei ohne Ende wie dieser Ring. Sie sei auch so sichtbar, fassbar und kostbar wie dieser Ring. Trag ihn als Zeichen."

Dieser Satz zum Ringwechsel und das Anstecken der Ringe kann an den Vermählungsspruch bzw. an eine Liebeserklärung direkt angehängt werden. Während der Vermählungsspruch aufgrund seiner Länge vom Blatt abgelesen wird, spricht man den Satz zum Ringwechsel frei und schaut sich in die Augen, bevor man den Ring ansteckt.

Braut und Bräutigam reichen sich die Hände

Nach dem Ringwechsel wird das Paar aufgefordert, sich die rechten Hände zu reichen. In der evangelischen Kirche legt der Pfarrer bzw. die Pfarrerin die eigene Hand auf die ineinander gelegten Hände des Paares. In der katholischen Kirche legt der Priester die Stola um die Hände des Paares. Die Worte, die dem Paar nun zugesprochen werden, enden jedenfalls mit dem Bibelvers Matthäus 19,6: „Was nun Gott zusammengefügt hat, das soll der Mensch nicht trennen."

„Gott hat euch als Mann und Frau verbunden. Eure Ringe sind ein Zeichen eurer Liebe und Treue. Sie sind nun auch Zeichen dafür, dass ihr Gott in euren Bund aufgenommen habt. Er wird jederzeit zu euch stehen und das Gute, das er begonnen hat, vollenden. Haltet auch ihm die Treue. Was Gott zusammengefügt hat, das soll der Mensch nicht trennen."

Werden die Ringe vorher gesegnet?

Bei der katholischen Trauung werden die Ringe gesegnet, bevor sie dem Paar übergeben werden. In der evangelischen Kirche ist ein solcher Ringsegen nicht üblich. Wünscht ein Paar, das „ökumenisch" in der evangelischen Kirche heiratet, die Segnung der Ringe durch den mitwirkenden katholischen Geistlichen, so sollte dieses Anliegen im Vorbereitungsgespräch ausdrücklich erklärt werden.

Die Reihenfolge des Ringtausches

Oft fragen Brautleute, ob der Bräutigam erst der Braut den Ring ansteckt oder umgekehrt. Wer beginnt also diese Zeremonie? Früher war es wohl selbstverständlich, dass der Bräutigam beginnt; denn die Übergabe des Ringes (Siegelringes) an die Braut ist ein Ursprung dieses Brauchs. Doch diese Konvention sollte heute keine Rolle mehr spielen. Entscheiden Sie selbst!

◑◑◑◑◑◑◑◑◑◑◑◑◑◑◑◑◑◑◑◑◑◑◑◑◑◑◑◑◑

Segnung des Paares

Segen, das ist alles erdenklich Gute. Gott schenkt materielle Gaben sowie Gesundheit und die Kraft zur Hoffnung, Dankbarkeit, Freude, und er schenkt Liebe – das ist der Segen Gottes. Der Segen wird wirksam, indem er im Auftrag Gottes gespendet wird. Und doch ist der Segensspruch keine Zauberformel; denn wie er wirksam wird, liegt in Gottes und unserer Hand. Menschen, die sich segnen lassen, wissen, dass sie Beschenkte sind und nicht alles von sich selbst erwarten müssen, weil Gott mit seiner guten Kraft da ist. Drei symbolische Handlungen sind mit dem Geben und Empfangen von Segen eng verbunden:

- Die segnende Person legt die Hand auf den anderen. Dies zeigt: Gott ist nicht fern, er will dich berühren, ist spürbar da.
- Der Segnende zeichnet mit der Hand ein Kreuzzeichen. Dies erinnert an Kreuzestod und Auferstehung Jesu Christi. Gott ruft damit: „Ich lebe, und ihr sollt auch leben!" Das Kreuzeszeichen bezeugt zudem, dass Gott weltumfassend – von oben nach unten, von links nach rechts – gegen alles Böse herrscht.
- Der Mensch, der gesegnet wird, verbeugt sich oder kniet nieder. Diese symbolische Handlung zeigt Demut – man unterstellt sich Gott. Kniet das Paar nieder, so kniet es also nicht vor dem Pfarrer oder der Pfarrerin, sondern vor Gott.

Das Brautpaar empfängt den Trausegen

Ob das Brautpaar den Segen kniend oder stehend empfängt, wurde im Traugespräch geklärt. Das Knien ist hier die passende, ausdrucksstarke Zeichenhandlung. Dies wird deutlich angezeigt durch Worte wie: „Kniet bitte nieder und lasst euch den Segen Gottes zusprechen."

Segensgebet und Segen

Einleitend zur Segnung bitten die Geistlichen in einem Gebet um Gottes Beistand. Sie loben Gott, danken für den Bund, den er durch Jesus Christus mit den Menschen geschlossen hat, und bitten, dass die Liebe zwischen Braut und Bräutigam beständig bleibt, dass sie Gottes Nähe stets spüren, dass sie ein erfülltes Leben haben.

Das Gebet mündet in eine Segensformel. Diese kann lauten:

„Der Segen des allmächtigen und barmherzigen Gottes, des Vaters und des Sohnes und des Heiligen Geistes, komme über euch und bleibe bei euch, jetzt und allezeit. Friede sei mit euch."

Alle Anwesenden sprechen: „Amen."

Den Trausegen entfalten

Segenswünsche aus dem Kreis der Verwandten und Freunde können den Trausegen der Geistlichen ergänzen. Ist dies abgesprochen, so bitten die Geistlichen alle Personen, die einen Segenswunsch sprechen, zu sich an den Altar. Sind nur wenige Personen beteiligt, können sie gleichzeitig ihre Hände segnend auf die Köpfe oder die „verbundenen" Hände des Paares legen. Wirken mehr als vier Personen mit, legen sie nacheinander – wenn sie ihren Wunsch sprechen – die Hände auf. Diese Segenswünsche stehen vor oder nach dem Trausegen, den die Geistlichen sprechen. Es kann sich folgender Ablauf ergeben. („P" steht für Pfarrer/Pfarrerin, die Ziffern stehen für wechselnde Leser):

P: (leitet die Segenswünsche ein)
I: „Gottes Segen, das ist alles erdenklich Gute. Reichen Segen erbitten wir für euch."
II: „All eure Zukunftspläne möge er unterstützen; bei allen Enttäuschungen lasse er euch nicht allein. Alle Hoffnungen möge er tragen; die Wunden möge er heilen; die Narben salbe er."
I: „Eure Liebe festige er täglich neu. Damit ihr später, wenn ihr zurückblickt, sagen könnt: 'Er war immer da, nie waren wir allein.'"
P: „Gott, unser Vater, du willst, dass Mann und Frau in der Ehe eins werden. Wir bitten dich für Inga und Michael: Gib ihnen den Heiligen Geist, dass sie deine Liebe spüren und deine Nähe erfahren. Steh ihnen stets bei. Schenke ihnen festen Glauben, beständige Liebe und unbeirrbare Hoffnung. Schenke ihnen Fantasie und Kraft, damit sie ihre Liebe immer wieder neu aufblühen lassen gegen alle Langeweile oder Hoffnungslosigkeit. Das bitten wir durch Jesus Christus, deinen Sohn, unsern Herrn. Ich segne euren Bund im Auftrag Gottes, im Namen des Vaters und des Sohnes und des Heiligen Geistes. Amen."

Auch biblische Sprüche können nacheinander von verschiedenen Personen gelesen werden. Zur Vorbereitung werden einige Personen gebeten, einen Bibelvers dafür auszuwählen. Dies sollten keine langen

Textabschnitte, sondern kurze Verse sein. Die Liste möglicher Trausprüche in Teil III dieses Buches bietet eine große Auswahl an Bibelversen. Jede Person liest nur einen Spruch und kann dabei eine Hand „segnend" über das Paar halten:

- „Ihr seid also nicht mehr zwei, sondern eins. Was Gott verbunden hat, das soll der Mensch nicht trennen." (Matthäus 19,6)
- „Bleibt niemand etwas schuldig; nur die Liebe schuldet ihr einander immer." (Römer 13,8)
- „Die Hilfe kommt von Gott, der Himmel und Erde gemacht hat." (Psalm 121,2)
- „Fürchte dich nicht, denn ich habe dich erlöst; ich habe dich bei deinem Namen gerufen; du bist mein." (Jesaja 43,1)
- „Gott ist unsere Zuversicht und Stärke, darum fürchten wir uns nicht." (Psalm 46,2f.)
- „Seid getrost und unverzagt und haltet fest an eurem Gott." (Psalm 27,14)

Die Bibelstellenangabe, die hier in Klammern hinter dem Text steht, wird nicht mitgelesen. Schreibt man den Segenswunsch später ins Gästebuch oder überreicht man dem Paar eine „Urkunde" mit den gesammelten Segenswünschen, so schreibt man die Bibelstelle dazu.

Ergänzend zum Segen können Freunde und Verwandte dem Brautpaar gute Wünsche mit auf den Weg geben. Diese müssen nicht „poetisch" oder ausdrücklich religiös sein. Ganz einfach und persönlich kann man dem Paar gute Wünsche zusprechen:

„Wir wünschen euch viel Glück auf all euren Wegen. Gesundheit wünschen wir euch sowie die Kraft, auch Schweres zu ertragen … Dass ihr immer Arbeit habt, wünschen wir, und dass euch die Hoffnung nie ausgeht … Dass ihr immer Freunde habt, dass ihr in Frieden leben dürft … Wir wünschen, dass eure Liebe stark bleibt, dass euer Zusammenleben nicht langweilig wird … Vergesst nicht: Wir sind für euch da, wann immer ihr uns braucht."

Der mögliche Ort für solche Texte der Freunde wird mit den Geistlichen abgesprochen. Anstatt die Wünsche mit dem Segen zu verbinden, können sie ebenso erst nach dem nächsten Lied stehen, einleitend zu den Fürbitten.

Der Kuss des Brautpaares

Der Kuss des Paares vor Gott und allen Anwesenden hat hier – nach dem Segen, wenn Sie vom Knien aufgestanden sind – seinen Platz. Oft geben Pfarrer/Pfarrerinnen dazu ein aufforderndes Stichwort wie: „Das Paar darf sich nun küssen." Doch manchmal beklagen sich Paare hinterher, dass sie nicht wussten, wann der Kuss angebracht ist, und ihn deshalb verpassten. Warten Sie nicht auf ein Stichwort, küssen Sie sich einfach. Mit dem Hochzeitskuss, auch Brautkuss genannt, besiegeln Sie Ihr Trauversprechen und setzen einen optischen Höhepunkt, auf den die Gäste sich freuen. Es ist schade, wenn das ausfällt.

≫ ≫

Lied / Musik

Der Trauzeremonie folgt jedenfalls ein ausführlicher musikalischer Beitrag. Das kann Gemeindegesang sein, Chorgesang, Sologesang oder Instrumentalmusik. Das Musikstück drückt Freude, Dank und Rührung aus, die man mit dem Traupaar teilt.

Ein Gemeindelied nach der Trauzeremonie

Eine bekannte Melodie muss diesem Gesang zugrunde liegen. Bedrückend ist, wenn die Gemeinde mit kräftigem Gesang die Gefühle des Brautpaares teilen möchte, die Melodie aber zu schwierig ist. Wenn möglich, wird dieses Lied vor dem Gottesdienst gemeinsam eingeübt.

Prüfen Sie die folgenden Lieder, die Sie im Evangelischen Gesangbuch (EG) und im Gotteslob (GL) finden:

Traulieder:
Du hast uns, Herr, in dir verbunden (EG 240) / Gott, der nach seinem Bilde (GL 499)

Alte Choräle:
Nun danket all und bringet Ehr (EG 322/GL 403) / Nun danket alle Gott (EG 321/GL 405) / Lobe den Herren, den mächtigen König der Ehren (EG 317/GL 392) / Nun jauchzt dem Herren, alle Welt (EG 288/GL 144) / Was Gott tut, das ist wohlgetan (EG 372/GL 416) / Großer Gott, wir loben dich (EG 331/GL 453) / Maria, breit den Mantel aus (GL 534) / Amazing Grace

Neuere Lieder:
Komm, Herr, segne uns (EG 170/GL 451) / Bewahre uns, Gott (EG 171/GL 845) / Ins Wasser fällt ein Stein (EG) / Da berühren sich Himmel und Erde (GL) / Herr, deine Liebe ist wie Gras und Ufer (EG) / Liebe ist nicht nur ein Wort (EG/GL)

*Neue Liedtexte (*Hochzeitstexte zu folgenden bekannten Melodien finden Sie in Teil III):
Danke-Lied / Lobe den Herren / Lobet den Herren / Herr, deine Liebe / Nun danket alle Gott / Großer Gott, wir loben dich / Geh aus, mein Herz / Amazing Grace

Kinder bei der Musikauswahl berücksichtigen

Wenn mehrere Kinder mitfeiern, sollten Sie ein einfaches Lied in Betracht ziehen. Kanons sind aufgrund des kurzen Textes und der einfachen Melodie geeignet. Bedenken Sie wieder: Ein Kanon muss nicht mehrstimmig gesungen werden, man kann den einen Satz, aus dem er besteht, mehrfach wiederholen:

- Gottes Liebe ist wie die Sonne
- Gottes Liebe ist so wunderbar
- Das wünsch ich sehr, dass immer einer bei mir wär
- Der Himmel geht über allen auf
- Danket, danket dem Herrn, denn er ist sehr freundlich (GL 406)

Ein Instrumentalstück nach der Trauzeremonie

Es passen Melodien, welche diesen romantischen Moment betonen, wie „Air" und „Hirtensinfonie" aus dem Weihnachtsoratorium (beide J. S. Bach).

Ein Gesangsvortrag nach der Trauzeremonie

Sehr ansprechend ist, wenn an dieser Stelle klassischer Gesang oder ein modernes Liebeslied live vorgetragen oder vom Tonträger abgespielt wird.

Klassische Titel:
Ich bete an die Macht der Liebe (Bortnjanskij – Tersteegen)
Amazing Grace (original oder: Ein schöner Tag ward uns beschert)
Ave Maria (Bach – Gounod bzw. Schubert)
Ich liebe dich so wie du mich (Beethoven)

Moderne Lovesongs:
A moment like this (Kelly Clarkson)
Nine million bicycles (Katie Melua)
Das Beste (Silbermond)

Eine ausführliche Liste passender Lovesongs und moderner Liebeslieder finden Sie wieder in Teil III dieses Buches.

Fürbitten

Seit der frühesten Christenheit gehört ein Fürbittengebet zu jedem Gottesdienst. Als Christen sind wir aufgerufen, den Mitmenschen nicht allein zu lassen – in Freude nicht und nicht im Leid. Dieses Gebet zeigt unser Mitbangen, Mithoffen, Mittrauern, Mitfühlen, Mitfreuen, Mitleiden. Schon zu biblischen Zeiten wurde auch für Kranke und Gefangene, die Obrigkeit, die Apostel und die Märtyrer gebetet, für alle Menschen also, die der Fürbitte bedurften. Auch Feinde und Verfolger ließ man nicht aus.

In dieser Tradition beten wir an diesem Tag in erster Linie für einen guten Lebensweg und eine endlose Liebe von Braut und Bräutigam. Zusätzlich schließen wir Menschen ins Gebet ein, die dem Brautpaar nahe stehen. Darüber hinaus vergessen wir aktuell trauernde, kranke und notleidende Menschen nicht.

Ein Beispielgebet

„Allmächtiger Gott, wir bitten dich für Inga und Michael:
Begleite sie auf ihrem gemeinsamen Weg.
Ihre Hoffnungen und Wünsche legen wir in deine Hand.
Lass sie in rechter Weise in Erfüllung gehen.
Lass die beiden immer wissen, dass sie einander geschenkt sind,
    und lass sie stets dankbar für dieses Geschenk sein.
Mögen sie die Kraft haben, dass sie ihr Jawort und alle Versprechen,
    die sie sich heute gaben, immer wieder neu einlösen. Lehre sie zu
    vergeben, wenn es heilsam ist, und zu fordern, wenn es nötig ist.

Großer Gott, wir bitten für die Familien, in denen sie aufwuchsen:
Gib den Eltern offene und freie Herzen, die sich jederzeit mit Inga
    und Michael freuen können. Lass sie noch lange die Kraft haben,
    mit Tat und guten Gedanken bei Inga und Michael zu sein.

Gütiger Gott, manche Menschen tun sich schwer miteinander in ihrer
Partnerschaft:
Hilf du ihnen, dass sie Klarheit in ihre Beziehung bringen können,
und wenn möglich, lass ihre Liebe neu aufblühen.
Schenke denen, deren Liebe abgekühlt ist, Mut, Kraft und Fantasie,
neue Wege zu finden.

Barmherziger Gott, wir beten für unsere verstorbenen Angehörigen:
Wir wissen, dass sie bei dir eine neue Heimat gefunden haben.
Lass unsere Liebe eine Brücke zu denen sein, die nicht mehr bei uns
sein können.

Mitfühlender Gott, wir denken in besonderer Weise an die kranken
und alten Menschen:
Erinnere uns stets, dass wir Verantwortung für sie haben.
Für alle Notleidenden dieser Welt beten wir, für die Flüchtenden
und Hungernden, für die Trauernden und Traurigen."

Die Bitten auswählen

Das Gebet wird am besten vom Brautpaar sowie von Freunden,
Freundinnen und Verwandten zusammengestellt. Überlässt man die
Auswahl der Fürbitten den Geistlichen, sollten diese frühzeitig auf
Anliegen hingewiesen werden, die das Gebet enthalten soll. Informieren Sie also im Traugespräch oder kurzfristig über kranke, trauernde,
verstorbene Menschen.

Die Fürbitten lesen

Das Lesen der Fürbitten ist eine Aufgabe, die man den Geistlichen
nicht allein überlassen sollte. Denn die vorgetragenen Bitten sind Herzensanliegen der Menschen, denen das Paar nahe steht. Das Brautpaar
bzw. der Vorbereitungskreis bittet also frühzeitig um inhaltliche Vorschläge und die Bereitschaft, sich am Lesen zu beteiligen. Im Trau-

gespräch wird verabredet, bis wann den Geistlichen ein Gebetsvorschlag mit der Abfolge der Leser und Leserinnen eingereicht wird.

Fürbitten als Litaneigebet

Beteiligt sich die gesamte Gemeinde aktiv mit einem Gebetsruf, so entsteht ein Litaneigebet. Nicht jede Bitte, aber zusammengehörige Gebetsanliegen werden dabei mit einem gleichbleibenden, gesungenen oder gesprochenen Ruf beantwortet. Die Gemeinde muss zu Beginn des Gebets darauf hingewiesen werden und jeweils ein Stichwort für ihren Einsatz erhalten, wie: „Gemeinsam beten wir!" Als Stichwort können die ersten Worte des Gebetsrufs dienen, die von der Gemeinde wiederholt und ergänzt werden.

Traditionelle kurze Gebetsrufe sind:
„Herr, erbarme dich! … Herr, erhöre uns! … Wir bitten dich, erhöre uns! … Christus, erhöre uns! … Kyrie eleison! … Bleibe bei uns, großer Gott!"

Den Text eines Kanons singt man einstimmig und ohne Wiederholung. Der Satz kann auch gesprochen werden.

Geeignete Kanons aus den Kirchengesangbüchern:
„Richte unsere Füße auf den Weg des Friedens … Gottes Wort ist wie Licht in der Nacht, es hat Hoffnung und Zukunft gebracht; es gibt Trost, es gibt Halt in Bedrängnis, Not und Ängsten, ist wie ein Stern in der Dunkelheit … Lobet und preiset, ihr Völker, den Herrn, freuet euch seiner und dienet ihm gern. All ihr Völker, lobet den Herrn … Das wünsch ich sehr, dass immer einer bei mir wär, der lacht und spricht: Fürchte dich nicht! … Der Himmel geht über allen auf, auf alle über, über allen auf … Danket, danket dem Herrn, denn er ist sehr freundlich. Seine Güt und Wahrheit währet ewiglich … Herr, gib uns deinen Frieden, gib uns deinen Frieden, Frieden, gib uns."

Ein Moment der Stille

Am Schluss des Gebets kann man einige Sekunden leise sein, damit alle Anwesenden ihre eigenen, sehr persönlichen Anliegen still vor Gott aussprechen können. Dieser Moment wird mit einem Hinweis eingeleitet, wie:

„Es gibt so vieles, was uns heute bewegt – Wünsche und Hoffnungen, Sehnsüchte und Befürchtungen. Wir wollen nun einen Augenblick leise sein, damit jeder still seine Anliegen vor Gott aussprechen kann."

ꝺꝺꝺꝺꝺꝺꝺꝺꝺꝺꝺꝺꝺꝺꝺꝺꝺꝺꝺꝺꝺꝺꝺꝺꝺꝺꝺꝺ

Vaterunser

Das Vaterunser ergänzt als „Gebet der Christenheit" die Fürbitten, rundet sie ab und betont deren Bedeutung. Mit diesem Gebet aus dem sechsten Kapitel des Matthäusevangeliums lehrt Jesus uns beten. Seit der Urchristenheit ist das Vaterunser Bestandteil der Gottesdienste. Für die kirchliche Trauung gibt es auch die Tradition, dass das Vaterunser Teil des eigentlichen Trauritus ist, um diesen hervorzuheben. Dann betet man es vor dem Vermählungsspruch bzw. nach dem Ringwechsel oder Ehesegen. Feiert man die Trauung im Rahmen der Heiligen Messe, also mit Eucharistiefeier/Abendmahl, so steht es nicht hier, sondern ist Teil der Abendmahlsliturgie.

Das Vaterunser mit gereichten Händen beten

Es ist überliefert, dass viele Jahrhunderte lang nach dem Vaterunser ein „Friedenskuss" üblich war. Aus dem „Kuss" wurde im Lauf der

Zeit ein „Händereichen". Möchte man im Traugottesdienst diese ver-
bindende Geste einbringen, so spricht man das gesamte Vaterunser,
während alle Gäste (wie auch das Paar am Altar) an den Händen zu
einer Menschenkette verbunden sind. Diese Handlung ist ein „Frie-
denswunsch" und zeigt, dass niemand allein steht und man füreinander da ist.

Das Vaterunser singen

Mit einer sangesfreudigen Gemeinde kann man dieses Gebet gern singen. Dazu finden wir in nahezu jedem christlichen Liederbuch eine
Auswahl von Melodien. Auch ins Evangelische Gesangbuch sowie
ins Gotteslob sind einige moderne Vaterunser-Lieder aufgenommen.

Den biblischen Vaterunsertext belassen

Es gibt Vaterunser-Texte, die durch eingeschobene Erklärungen oder
erläuternde Zwischenrufe den Sinn dieses Gebetes verdeutlichen und
ein „Drauflosplappern" verhindern möchten. Von solchen Vaterunser-
Motetten ist hier aber abzuraten; nach den Fürbitten wäre dies eine
textliche Überfrachtung und die Feierlichkeit ginge dadurch verloren.

4. SENDUNG UND SEGEN

Früher hieß dieser Teil „Schlussteil". Doch jetzt ist nicht Schluss damit, die Liebe zu feiern und sich gewiss zu sein, dass Gott da ist. Der Gottesdienst geht – wenn auch in völlig anderer Form – nach der kirchlichen Feier weiter. So gesehen ist die gesamte Hochzeitsfeier, eigentlich sogar das gesamte Leben, ein „Gottesdienst".

Mit dem Zuspruch und dem Auftrag, die versprochene Liebe zu verwirklichen, werden alle Anwesenden in die anschließende Feier und ins Leben geschickt (gesendet) und mit Gottes Segen beschenkt.

Dieser vierte Hauptteil enthält zumindest den Schlusssegen und den Auszug des Paares unter musikalischer Begleitung.

Er kann erweitert werden, sodass diese Reihenfolge entsteht:

– Überreichung von Gaben
– Schlussbemerkungen
– Lied
– Sendungswort
– Segen
– Auszug

Überreichung von Gaben / Schlussbemerkungen

Jetzt, nicht erst nach dem Schlusssegen, ist der richtige Zeitpunkt für die Überreichung von Gaben, die Segnung von Gegenständen, die Unterzeichnung von Urkunden und für Schlussbemerkungen. So wird deutlich: Auch diese Abschnitte gehören zum Gottesdienst. Ist die Trauung in der katholischen Kirche, können z.b. Brot, Salz, Wein und Kerzen für die Hochzeitstafel gesegnet werden.

Symbolische Geschenke

Je nach regionalem Brauch wird dem Hochzeitspaar ein kleines Geschenk der Kirchengemeinde überreicht: z.b. ein Kreuz, eine Bibel, ein Bild oder eine Kachel mit einer Abbildung der Hochzeitskirche. In manchen Gemeinden gibt es die schöne Sitte, dass Gemeindegruppen kleine Geschenke für die Hochzeitspaare herstellen; so basteln Frauen Türschmuck und Brotkörbe oder Kinder verzieren Kerzen.

Die Ausgangskollekte ankündigen

Auf das Dankopfer, das beim Ausgang eingesammelt wird, kann nun schon hingewiesen werden. Die Geistlichen erklären, für welchen Zweck das eingesammelte Geld gedacht ist. Haben Sie als Traupaar bei der Entscheidung für diesen Kollektenzweck mitgewirkt, bietet es sich an, dass Sie selbst in wenigen Worten bekannt geben, wer das eingesammelte Geld erhalten wird; z.b.:

„Vor einigen Monaten sahen wir im Fernsehen den Bericht über eine Kinderkrebsklinik. Das Leiden der Kinder hat uns sehr bewegt. So haben wir uns entschlossen, das Geld, das ihr am Ausgang in den Kollektenkorb werft, für die Arbeit dieser Kinderklinik zu bestimmen."

Oder:

„Wir alle haben in den letzten Tagen die Berichte über die Unwetterkatastrophe in Mittelamerika gesehen und gelesen. In unserem Glück wollen wir die Menschen nicht vergessen, die dort ohne Dach über dem Kopf versuchen zu überleben. Das Geld, das am Ausgang in den Opferkorb geworfen wird, werden wir daher einer Hilfsorganisation übergeben, die diese Menschen unterstützt."

Dank aussprechen

Möchten Sie sich bei Helfern, Mitwirkenden und den Geistlichen bedanken, so kann das schon jetzt öffentlich geschehen, zumal wenn viele der Gäste bei der anschließenden Feier nicht dabei sein werden.

„Danke möchten wir noch sagen. Wir waren in den letzten Wochen und Tagen sehr unsicher und aufgeregt, und wir hatten viele Fragen. Die Pfarrerin und der Pfarrer haben sie beantwortet und uns sehr geholfen. Herzlichen Dank! Dank an euch, die ihr im Gottesdienst mitgewirkt habt; danke euch allen für diese Gemeinschaft, die wir hier schon erleben durften, und für eure guten Wünsche."

Abschließende Informationen

Hinweise zu weiteren „Programmpunkten", die sich dem Gottesdienst direkt anschließen, werden nun gegeben. Beispielsweise wird auf den Sektempfang am Ausgang (oder im Gemeindesaal) hingewiesen.

Lied zu Sendung und Segen

An dieser Stelle steht der gesungene Ruf „Gehet hin im Frieden des Herrn", den die versammelte Gemeinde mit „Gott sei ewiglich Dank" beantwortet. Dieser Wechselgesang ist ein guter Wunsch, mit dem man in den Alltag gesandt wird, und der Dank dafür.

Abschließender Gesang

Singen Sie doch einen Liedvers und ergänzen oder ersetzen so die traditionelle Verabschiedung. Falls nach der Trauzeremonie noch kein Gemeindelied stand, sollte man hier gemeinsam singen, auch um die Gemeinschaft erneut zu betonen. Ein ganzes Lied wäre zu viel. Ein einzelner Vers, der die Verabschiedung und den Dank ausdrückt, ist angebracht. In den Kirchengesangbüchern findet man viele passende Verse. Ein Kanon kann einstimmig mehrfach wiederholt werden. Hier eine Liste mit Beispielen aus dem Evangelischen Gesangbuch (EG) und dem Gotteslob (GL):

- Ausgang und Eingang (EG175/GL 85)
- Wenn wir jetzt weitergehen (EG 168,4-6/GL)
- Ach bleib mit deiner Gnade (EG 347/GL 436)
- Alles ist an Gottes Segen (EG 352)
- Bewahre uns, Gott (EG 171/GL 453)
- Herr, gib uns deinen Frieden (EG 436)
- Herr, wir bitten: Komm und segne uns (EG/GL)
- Ich möcht', dass einer mit mir geht (EG 209)
- Komm, Herr, segne uns (EG 170/GL 451)
- Nun danket alle Gott (EG 321/GL 405)
- Nun saget Dank und lobt den Herren (EG 294/GL 385)
- Vertraut den neuen Wegen (EG 395/GL)
- Wir wünschen Frieden euch allen (EG 433)
- Zeige uns den Weg (GL)

Sendungsworte

Wenn wir uns von Menschen verabschieden, sagen wir gern „Tschüs". Dieses „Tschüs" hat sich aus dem Wort „Tschö" entwickelt; und „Tschö" wiederum kommt vom französischen Wort „dieu", was übersetzt „Gott" heißt – „A dieu" („Geh mit Gott") sagt man in Frankreich.

„Geht mit Gott", „Gott sei mit euch" oder einfach „Tschüs" könnten die Geistlichen an dieser Stelle zur Verabschiedung sagen. Dieser Abschiedsgruß wird aber gerne erweitert, damit deutlich wird, was in dem Tschüs (Geh mit Gott) mitschwingt. Der liturgische Begriff für diesen abschließenden Gruß ist „Sendungswort". Inhaltlich passt es z.b. zur Jahreszeit, zur aktuellen Stimmung, zu den anwesenden Menschen oder zur speziellen Situation, wie das folgende Beispiel zeigt:

„Gott sei mit seiner Lebensfreude bei euch, wenn ihr gleich singt und lacht, esst, trinkt, tanzt und das Jawort feiert. Gott sei mit seiner Sanftmut bei euch, wenn ihr erschöpft ins Bett fallt, Ruhe und Entspannung sucht und Kraft für den neuen Tag. Er sei mit seiner Stärke bei euch, wenn der Alltag euch ruft, ihr Verantwortung tragen müsst und Aufgaben euch fordern. Gott sei mit seiner Fantasie bei euch, wenn ihr ausgetretene Pfade verlasst, Ziele sucht und zu neuen Ufern aufbrecht. Gott sei mit seiner Liebe bei euch, wenn ihr euren Weg in die Zukunft geht; er trage euch durchs Leben, gebe euch Mut und Fantasie, damit ihr die Liebe immer neu findet und sie euch lebendig hält – täglich neu."

„Irische Segenswünsche"

Sehr beliebt und geeignet als Sendungswort sind Texte, die wie ein alter irischer Segenswunsch klingen:

„Ich wünsche dir den Frieden der Meeresdünung, den Frieden einer sanften Brise, den Frieden der schweigsamen Erde, den Frieden einer klaren Sternennacht. Ich wünsche dir den Frieden Jesu Christi, der unser Friede ist für alle Zeit."

„So reichlich wie Gras auf großem Feld, wie Sand an der Küste, wie Tau auf der Wiese ist, so reichlich komme der Segen des Königs der Gnade über jede Seele, die war, ist und sein wird."

Eine Erklärung des Segens

Der folgende Schlusssegen kann jetzt erklärt werden:

„Früher war es üblich, dass man auf einen Laib Brot mit dem Messer ein Kreuz zeichnete, bevor man ihn anschnitt. Manche der Älteren unter uns werden sich daran erinnern. Damit drückte man aus: Dieses Brot kommt von Gott; jede Krume dieses Brotes – von oben nach unten, von links nach rechts – ist gesegnet und soll uns ein Segen sein. Daran denke ich, wenn ich gleich beim Segen das Kreuzeszeichen über euch schlage: Vom Scheitel bis zur Sohle, von links nach rechts, von Nord nach Süd, von Ost nach West, ganz und gar umfassend sei Gott bei euch und in euch. Und ihr sollt ein Segen sein."

☽☽ ☽☽

Schlusssegen

Segen empfangen verdeutlicht, wir Menschen erwarten nicht alles von uns selbst. Wir dürfen mit Gott rechnen. Unter seinen Schutz und unter seine Kraft werden wir mit dem Segen gestellt. Er ist alles Gute, das von Gott kommt. Gott hat seinen Segen zugesagt; alle guten Gaben, die wir Menschen zum (Über-)Leben brauchen,

sind darin inbegriffen. **Gott segnet uns, und wir sollen ein Segen für andere sein.** Die Geistlichen, die den Segen im Auftrag Gottes spenden, heben dazu symbolisch die Hände über die Gemeinde – entsprechend dem Handauflegen bei der Segnung des Paares.

Der Trinitarische Segen

Diese Segensformel ist in der römisch-katholischen Kirche üblich. Die Silbe „tri" bedeutet „drei". Dieser Segen heißt tri-nitarisch, weil er ausdrücklich im Auftrag des drei-einigen Gottes (Vater, Sohn und Heiliger Geist) gespendet wird.

„Es segne und behüte dich der allmächtige und barmherzige Gott, der Vater, der Sohn und der Heilige Geist."

Den Aaronitischen Segen

Diese Segensformel ist benannt nach dem Mosebruder Aaron. Durch Martin Luthers Gottesdienstordnungen wurde diese Formulierung aus 4. Mose 6,24–26 zum Standartsegen in protestantischen Gottesdienstordnungen.

„Der Herr segne dich und behüte dich; der Herr lasse sein Angesicht leuchten über dir und sei dir gnädig; der Herr hebe sein Angesicht über dich und gebe dir Frieden."

Der Segen ist das letzte Wort

Der Segen setzt den Schlusspunkt. Damit er nicht „zerredet" wird, folgen keine Wortbeiträge mehr. Oft erlebt man, dass nun noch Hinweise für den weiteren Fortgang gegeben werden; die gehören unbedingt vor den Segen. Hier folgen lediglich ein musikalisches Nachspiel und der Auszug aus der Kirche.

Musikalisches Nachspiel / Auszug

Im sonntäglichen Gottesdienst lädt das musikalische Nachspiel entweder zur stillen Schlussbesinnung ein, bei der alle noch auf den Plätzen sitzen bleiben, oder es begleitet die Menschen auf dem stillen Weg hinaus. Bei der Trauung hat es eine andere Bedeutung. Es soll nicht Besinnung hervorrufen, sondern das Paar mit Jubelklängen hinausgeleiten.

So ist Auszugsmusik

Wichtig für die Musikauswahl ist, dass sie die Gefühle der Menschen erfasst. Erhebende Klänge, Fanfaren gleich, riefen zu Beginn des Gottesdienstes: „Die Braut kommt!" Melodiöse, romantische Musik rührte nach Trausegen und Brautkuss das Herz und flüsterte: „Schaut, das ist Liebe!" Zum Auszug des Paares möchten die Menschen hören: „Freut euch; feiert das Glück; jetzt beginnt das Fest!"

Die Musik zum Auszug ist flott und rhythmisch; sie drückt Freude aus und schafft Partystimmung. Rhythmische Liebeslieder, aktuelle Popsongs, Liveaufnahmen zum Mitklatschen und flotte Gospels sind hier richtig.

Vorschläge für die Musik zum Auszug

Wenn es Klassik sein soll:
- Bach: Wir danken dir, Gott, wir danken dir (BWV 29)
- Buxtehude: Präludium (BuxWV 140)
- Beethoven: 9. Sinfonie, Freude schöner Götterfunken
- Händel: Halleluja aus Messias (HWV 56)
- Händel: Ouvertüre aus Feuerwerkmusik (HWV 351)
- Lemmens: Fanfares

Wenn man Gospels liebt:
- Golden Gospel Singers: Oh happy day
- Harlem Gospel Singers: Let the good times roll

Wenn es Oldie, Pop oder Rock sein darf:
- Billy Idol: White wedding
- Thompson Twins: Hold me now
- Bryan Adams/Sting: All for love
- Münchener Freiheit: Ohne dich schlaf' ich heut Nacht nicht ein
- The Police: Every little thing she does is magic
- UB40: Can't help falling in love with you
- Die Toten Hosen: Tage wie diese

Wenn man hinaustanzen möchte:
- Helene Fischer: Atemlos durch die Nacht
- Pharrell Williams: Happy
- DJ Ötzi: Ein Stern, der deinen Namen trägt

Wenn die Hochzeitskutsche wartet:
- Starlite Singers: Eine weiße Hochzeitskutsche

Wenn man Volksfeststimmung erzeugen will:
- Starlite Orchestra: Zillertaler Hochzeitsmarsch
- Blechblos'n: Ein Stern, der deinen Namen trägt

Wenn ein Lied den Tag begleitet

Ein Liebeslied kann sich wie ein roter Faden durch die Hochzeitsfeierlichkeiten ziehen. Dazu nutzt das Paar den Liedtext zunächst als Liebeserklärung am Traualtar, den Originalsong hört man nach dem Brautkuss; ein rhythmischer Remix oder eine Liveaufnahme erklingt zum Auszug. Am Abend tanzt man den Hochzeitstanz zu einer speziellen Tanzversion mit gleichbleibendem Beat. Orchester wie Band4 Dancers oder das Tanzorchester Klaus Hallen haben eigens dazu bekannte Melodien neu arrangiert.

Wer spielt die Musik zum Auszug?

Einige der oben aufgelisteten Musikstücke sind für die Kirchenorgel geeignet, die meisten nicht. Ein solches können Sie also nur auswählen, wenn eine Musikanlage vorhanden ist oder aufgebaut werden kann. Dann wird die Auszugsmusik vom Tonträger (CD oder Speicherkarte) über Lautsprecher eingespielt. Eine solch technische Möglichkeit ist zum Auszug durchaus angebracht, wenn die Kirchenorgel im Gottesdienst hinreichend zur Geltung kam.

Erst hören, dann gehen

Steht das Brautpaar zum Auszug bereit, verweilt es zunächst in dieser Stellung, um einen Teil der Auszugsmusik bewusst anzuhören und so auch die Aufmerksamkeit der Gäste darauf zu lenken. Dies ist besonders zu beachten, wenn Künstler die Musik live vortragen.

Die Reihenfolge des Auszugs

Die Reihenfolge des Auszugs besprechen Sie vorher mit den Geistlichen. Wie beim Einzug gibt es verschiedene Möglichkeiten. Liturgische Tradition hat das Voranschreiten von Engelchen/Blumenkindern und Kerzenträgern, gefolgt vom Paar. Die Geistlichen bilden den Abschluss. Aus praktischen Gründen schreiten vielerorts die Geistlichen voran. So können sie den Rhythmus des Auszugs bestimmen und den Blumenkindern anzeigen, ab wo sie die Blütenblätter streuen dürfen.

Blumen auf den Weg gestreut

Werden Blumen auf den Weg gestreut, erkundigen Sie sich vorher, welche Art von Blättern wo gestreut werden kann. Manche Gemeinden wünschen das Streuen von Seidenblättern, da echte Blütenblätter

Flecken im Bodenbelag erzeugen. In anderen Gemeinden sind Seidenblätter nicht erwünscht, da sie bei glattem Untergrund zur Rutschgefahr werden. Manchmal haben wir Unmut bei Küstern/Küsterinnen erlebt, wenn frische Blütenblätter auf den Teppichen zertreten wurden. Dies lässt sich ebenso wie Unsicherheit bei den Blumenkindern vermeiden, wenn man vorher festlegt, wer an welcher Stelle den Blumenkindern das Zeichen zum Werfen der Blätter gibt.

))))

Dankopfer – Kollekte am Ausgang

Zu den Gottesdiensten der frühen Christenheit brachte man Lebensmittel mit, die dann an Arme verteilt wurden. Daraus wurde im Lauf der Zeit die Geldspende für Bedürftige. Dies ist bis heute so geblieben. Es zeigt, dass zum Christsein nicht nur das Beten für Notleidende gehört (Fürbitten), sondern auch das Teilen. Daher ist das Dankopfer (auch Kollekte genannt) fester Bestandteil eines jeden Gottesdienstes. Gerade bei der Trauung, dem großen Fest der Freude, darf diese Geste des Mitfühlens nicht fehlen.

Klären Sie im Traugespräch, wann und für wen gesammelt wird. Fragen Sie die Geistlichen, ob Sie Ihre eigenen Ideen einbringen können. Die Kirchengemeinde wird Ihnen zusätzlich Vorschläge machen. In manchen Gemeinden ist es üblich, dass auch vor oder nach den Fürbitten ein Dankopfer eingesammelt wird. Dieses Vorgehen und der Zweck sollten deutlich angekündigt werden, damit den Anwesenden Zeit bleibt, ihren Geldbetrag bereitzuhalten. Die Kollekte und die Zweckbestimmung sollten im Programmheft angegeben sein.

Geben Sie schon bei der anschließenden Feier bekannt, wie viel Sie für den guten Zweck überweisen können. Dies ist möglich, da das Gespendete gleich im Anschluss an den Gottesdienst gezählt wird. Fragen Sie bei den Geistlichen nach.

Nach dem Gottesdienst

Vielerorts ist es üblich, dass das Paar nach dem Gottesdienst damit überrascht wird, kleine Aufgaben erfüllen zu müssen. Es gibt zahlreiche Bräuche, sie sind je nach Region unterschiedlich. Auch Vereine und Nachbarschaften haben eigene Traditionen.

Hochzeitsüberraschungen

Vielleicht dürfen Sie nach dem Auszug eine Schnur zerschneiden, einen Baumstamm zersägen oder eine Gasse mit Hindernissen durchschreiten. Welche Bräuche sind in Ihrer Region üblich? Halten Sie evtl. eine Flasche Schnaps mit kleinen Gläsern und für die Kinder Kleingeld oder Süßigkeiten bereit, um sich den Weg freizukaufen.

Streuen von Reis

Mancherorts wird das Paar mit Reis beworfen. Dieses Pflanzensymbol zeigt den Wunsch: Die Saat möge aufgehen; aus kleinen Anfängen wachse Großes; Fruchtbarkeit möge mit euch sein. Sprechen Sie vorher mit den Geistlichen darüber. Manche Kirchengemeinden sehen es nicht gern, da Reis im größten Teil der Welt ein wertvolles Lebensmittel ist. Auch besteht die Gefahr, auf den Körnern auszurutschen.

Der Gottesdienst sollte nachwirken

Der Trauspruch kann bei der anschließenden Feier eine Rolle spielen, indem er z.B. als Banner über der Tanzfläche hängt und in Quizspielen auftaucht. Ein Lied aus dem Gottesdienst kann bei der Feier noch einmal gesungen werden. Die guten Wünsche können auf den Tischkärtchen stehen und im Gästebuch verewigt werden.

III. TEXTE / SPRÜCHE / LIEDER

Hochzeitstexte zu bekannten Melodien

Nutzen Sie auch spezielle Hochzeitstexte zu bekannten Melodien, denn gemeinsamer Gesang macht nur Sinn, wenn kräftig mitgesungen werden kann. Diese Verse können mit den Originaltexten gemischt werden; sie ermöglichen es, dieselbe Melodie mit unterschiedlichem Text an verschiedenen Stellen im Ablauf zu singen. Die nicht anders gekennzeichneten Texte sind entweder „volkstümlich" oder wurden eigens für dieses Buch geschrieben.

Danke für diesen guten Morgen:
„Glaube, das ist die Macht des Guten,
Glaube hält allem Bösen stand.
Glaube gibt euch die Kraft zum Leben, führt euch Hand in Hand.

Hoffnung braucht jeder Mensch zum Leben,
Hoffnung, die unser Gott uns gibt.
Hoffnung hält er bereit für jeden, der von Herzen liebt.

Liebe führt euch auf alle Gipfel. Liebe bringt euch durch jedes Tal.
Liebe, euch zwei von Gott gegeben, trägt euch allemal."

Herr, deine Liebe:
„Herr, deine Liebe ist wie Gras und Ufer,
wie Wind und Weite und wie ein Zuhaus.

Wir sind nun hier, um vor dir Ja zu sagen:
Ja, nur mit diesem Menschen möcht' ich geh'n.
Herr, deine Liebe …

Wir möchten Wege gern gemeinsam gehen,
sei du bei uns, begleite uns dabei.
Wir sagen Ja und woll'n zusammen leben
und bitten dich, dass du stets bei uns bleibst.
Herr, deine Liebe …

Du schenkst uns Flügel, doch jedem nur einen;
erst wenn wir lieben, fliegen wir zu zweit.
Wir sind verbunden und doch frei zu leben,
stets bleibt uns Ja zu sagen oder Nein.
Herr, deine Liebe …

Wir möchten Freiheit und sie auch gern schenken,
dennoch als Paar durch unser Leben geh'n.
Gib deinen Segen zu all diesen Wegen,
Segen, der uns durch Höhn und Tiefen trägt."

Nun danket alle Gott – Macht man in den Gesangbuchversen aus dem
„uns" jeweils „euch", so wird daraus ein Zuspruch für das Brautpaar, den man wie folgt singen kann:

„Nun danket alle Gott mit Herzen, Mund und Händen,
der große Dinge tut an uns (euch!) und allen Enden,
der uns (euch!) von Mutterleib und Kindesbeinen an
unzählig viel zugut bis hierher hat getan.

Der ewigreiche Gott woll uns (euch!) in unsrem (eurem!) Leben
ein immer fröhlich Herz und edlen Frieden geben
und uns (euch!) in seiner Gnad erhalten fort und fort
und uns (euch!) aus aller Not erlösen hier und dort."

Lobe den Herren, den mächtigen König – Auch Verse dieses Liedes lassen sich durch kleine Textänderungen zu einem Wort an das Brautpaar machen:

„Lobe den Herren, der alles so herrlich regieret,
der dich (euch!) auf Adelers Fittichen sicher geführet,
der dich (euch!) erhält, wie es dir (euch!) selber gefällt;
hast du (habt ihr!) nicht dieses verspüret?

Lobe den Herren, der sichtbar dein (das!) Leben gesegnet,
der aus dem Himmel mit Ströhmen der Liebe geregnet.
Denke daran, was der Allmächtige kann,
der dir (euch!) mit Liebe begegnet."

Lobet den Herren alle, die ihn ehren – Gern darf man den Text der siebten Strophe (EG) bzw. fünften Strophe (GL) etwas ändern; dann wird es zu einem gesungenen Gebet für das Brautpaar:

„Gib, dass wir (sie!) heute (immer!), Herr, durch dein Geleite
auf unsren (ihren!) Wegen unverhindert gehen
und überall in deiner Gnade stehen. Lobet den Herren!"

Amazing Grace:
„Ein schöner Tag ward uns beschert, wie es nicht viele gibt,
von reiner Freude ausgefüllt, von Sorgen ungetrübt.

Mit Liedern, die die Lerche singt, so fing der Morgen an.
Die Sonne schenkte gold'nen Glanz dem Tag, der dann begann.

Ein schöner Tag voll Harmonie ist wie ein Edelstein,
er strahlt dich an und ruft dir zu: 'Heut sollst du glücklich sein!'

Und was das Schicksal dir auch bringt, was immer kommen mag,
es bleibt dir die Erinnerung an einen schönen Tag."

Großer Gott, wir loben dich:
„Gott, zwei Menschen wollen sich nun vor dir das Jawort geben.
Hilf, dass sie in Wort und Tun gern zu deiner Ehre leben.
Du bist aller Liebe Grund, segne diesen Lebensbund.

Gott, zwei Menschen wollen heut Ja zu ihrer Liebe sagen.
Hilf, dass sie in ihrer Zeit immer neu Vertrauen wagen.
Schenke doch ein Leben lang stets die Kraft zum Neuanfang.

Gott, zwei Menschen haben sich füreinander nun entschieden.
Hilf, dass sie vertraun auf dich, und gib ihnen deinen Frieden.
Wenn wir lieben, bist du nah, sag zu dieser Liebe Ja.

Alle Liebe wird von dir gern begleitet und getragen.
Sei nun unserm Paare hier nah und an allen Lebenstagen.
Segne, Vater, diese zwei; und wo sie sind, sei dabei."

Geh aus mein Herz und suche Freud:
„Wir stehn zu zweit hier vorm Altar und bitten nun als Ehepaar
dich, Gott, um deinen Segen. Wir bitten dich: Sei jeden Tag,
was immer auch geschehen mag, bei uns auf allen Wegen.

Wir wollen in Gemeinsamkeit
das, was geschieht an Freud und Leid,
erleben und erfahren. Wir bitten dich, den Herrn der Welt:
Hilf uns, dass unsere Liebe hält in vielen langen Jahren.

Du, Gott, der unsere Wege lenkt
und durch die Liebe reich beschenkt,
gib uns die Kraft zur Treue. Und wenn wir einmal uns entzwei'n,
schenk uns Versöhnung und Verzeih'n an jedem Tag aufs Neue.

Wenn nun der Alltag wieder naht,
hilf uns, dass wir durch Wort und Tat
dich, unsern Schöpfer, ehren. Lass unsre Liebe unbeirrt,
auch wenn es einmal schwer sein wird, sich immer neu bewähren."

Texte zur Brautübergabe

Andere Personen als der Brautvater können die Braut zum Bräutigam bringen. Diese Aufgabe können Geschwister, Freunde oder Kinder übernehmen. Sie können dazu sagen:

„Wir haben sie lieb. Nun nimmst du ihre Hand für ein gemeinsames Leben."

„Wir freuen uns mit euch. Wir hoffen und beten, dass ihr glücklich werdet. Es gibt kein größeres Glück, als wenn zwei Menschen bedingungslos Ja zueinander sagen. Wir freuen uns, das heute erleben zu dürfen. Weil wir euch so gern mögen, geben wir euch gern einander an die Hand. Vergesst nicht, dass ihr Freunde habt, die sich mit euch freuen, die für euch da sind und die immer hinter euch stehen."

Hat das Paar schon Kinder bzw. heiratet eine Erzieherin oder Lehrerin, können eigene bzw. Kindergarten-Kinder oder Schüler die Braut führen. Von einem Kind (oder stellvertretend von einem Erwachsenen) kann dann ein Übergabetext gelesen werden:

„Wir haben schon längst Ja zu Inga gesagt. Denn wir mögen sie so, wie sie ist. Heute hören wir gerne, dass du laut Ja zu ihr sagst. Denn du magst sie auch – mindestens so wie wir. Darüber freuen wir uns. Wir halten auch gerne Ingas Hand, aber wir lassen sie immer wieder los. Wir sind froh, dass du ein ganzes Leben lang ihre Hand halten möchtest. Wir haben Inga sehr gern. Heute geben wir sie an dich weiter, damit du sie ein Leben lang gern hast. Sei immer lieb zu ihr."

Kyrietexte

Wenn belastende Lebenssituationen wie Trauer, Krankheit oder Zerwürfnisse ihre Schatten werfen, kann das Kyrie die Bitte sein, dass Gott neue Hoffnung schenke. In den folgenden Beispielen schwingen solche Hintergründe mit:

Pfarrerin: „Großer Gott, du weißt, in unseren Herzen ist nicht nur ungetrübte Freude. Auch manche Traurigkeit nimmt an solchem Freudentag in unseren Herzen Platz. Kyrie eleison."
Alle: „Herr, erbarme dich."
Pfarrerin: „Alle Wunden, die Zeit zum Heilen brauchen, salbe du, Gott, sanft mit deiner Güte. Christe eleison."
Alle: „Christe, erbarme dich."
Pfarrerin: „So kann durch dich aufatmen, wer bedrückt ist. Hoffnung und Freude dürfen neu wachsen wie Knospen im Frühling. So rufen wir mit unserem Gott allen zu: Sei getrost und freue dich, freue dich am Glück dieses Paares! Kyrie eleison."
Alle: „Herr, erbarm dich über uns."

Folgender Text kann von Braut und Bräutigam gelesen werden. Wird er entsprechend angepasst, können Mitfeiernde ihn lesen:

Braut und Bräutigam: „Sanfter, großer Gott, wir stehen nun vor dir, etwas unsicher, aber offen und ehrlich mit all unserem Glück, mit unserer Liebe, mit unserer Sehnsucht. Du kennst unsere Gefühle wie niemand auf dieser Welt. Lass uns immer in dir geborgen sein. Wir hoffen auf dich und rufen zu dir …"
Chor oder Pfarrer: „Kyrie eleison."
Alle: „Herr, erbarme dich."
Braut und Bräutigam: „Wir wollen nicht so überheblich sein und meinen, wir würden alles allein schaffen. Wir brauchen unsere Freunde und Familien, und wir brauchen dich. Du hast uns zueinander geführt. Du weißt, wie viel Glück wir schon miteinander erlebten,

welche Traurigkeit wir schon durchschritten. Du weißt, was uns überglücklich macht und wo unsere Liebe zerbrechlich ist. Wir stellen unser Leben unter deinen Segen und rufen ..."

Chor oder Pfarrer: „Christe eleison."

Alle: „Christe, erbarme dich."

Braut und Bräutigam: „Wenn wir uns auf unserem Weg einmal verlieren sollten, hilf uns, wieder zueinander zu finden. Schütze uns vor Trennung und Leid und bewahre unsere Liebe."

Chor oder Pfarrer: „Kyrie eleison."

Alle: „Herr, erbarm dich über uns."

Das Eingeständnis eigener Schwäche und Hilflosigkeit sowie die Bitte um Gottes Erbarmen und Beistand kann einfach als Gebet ausgesprochen werden, ohne Kyrierufe:

„Allmächtiger Gott, dass wir diesen Punkt erreichen und heute gemeinsam vor dir stehen dürfen, war nicht immer sicher. Wechselhaft war der Weg hierher. Manche Widerstände waren zu überbrücken; manchmal standen wir uns selbst im Weg. Manchmal waren wir uns nicht sicher, ob unsere Liebe siegen wird, ob man sich das Jawort für immer geben kann. Manche guten Worte und ernsten Mahnungen waren hilfreich, andere erwiesen sich als Stolpersteine. Umso glücklicher sind wir, dass wir hier gemeinsam angelangt sind. Hilflos und schwach sind wir oft, doch wir vertrauen auf dich, sanfter, gütiger Gott. Wische du alles weg, was die Freude über das Jawort irgendwie, irgendwann stören könnte. Danke, großer Gott! Mit dir finden wir Hoffnung. Amen."

Tagesgebete

Zwei Beispiele für ein persönliches Gebet, zu Beginn still gesprochen:

„Großer Gott, lange war ich dir nicht mehr so nahe. Doch du bist immer bei mir und vergisst mich nicht. Öffne nun meine Augen, meine Ohren und mein Herz, dass ich mich am Jawort der beiden Liebenden erfreue und mich die Liebe, die ich heute mit allen Sinnen wahrnehme, erfülle und weiterhin begleite. Amen."

„Allmächtiger Gott, du Gott des Friedens und der Liebe, ich bitte dich, sei du mit deinem guten Geist jetzt bei mir. Wisch alles weg, was die Freude über diese Feier beeinträchtigen könnte. Befreie mich von überflüssiger Sorge; schenke mir deinen Frieden. Amen."

Das Tagesgebet wird von den Geistlichen ausgesucht und gesprochen. Doch Sie dürfen gerne Textvorschläge machen.

„Großer Gott, wir danken dir, dass du in diese so zerrissene Welt Liebe und Hoffnung gegeben hast. Du willst unser Gutes, unsere Freude, unser Glück. Du verbindest uns miteinander, schenkst uns Vertrauen und Mut zu gemeinsamer Zukunft. Das wird heute sichtbar am bedingungslosen Ja zweier Liebender zueinander. Schenke offene Herzen, die sich daran freuen. Lass uns spüren, dass du mit deinem Geist mitten unter uns bist. Amen."

Oder: „Liebevoller Gott, wir danken dir, dass du Inga und Michael füreinander geschaffen hast. Es ist eines deiner Wunder, dass sie sich begegnet sind, sich erkannt haben und sich lieben. Lass ihre Beziehung noch inniger werden, damit sie auch in vielen Jahren noch sagen: 'Ich will ohne den anderen nicht leben.' Zeige du ihnen einen Weg, wenn sie ihn selbst nicht sehen, und hilf ihnen, den Weg in vertrauensvoller Partnerschaft zu gehen. Darum bitten wir dich, allmächtiger Vater, der du regierst mit Jesus Christus, deinem Sohn, und dem Heiligen Geist von Ewigkeit zu Ewigkeit."

Alle: „Amen."

Folgendes Beispiel drückt die Gebetsanliegen des Paares aus. Dieses Gebet kann ein Partner (oder beide im Wechsel) selbst sprechen:

„Allmächtiger Gott, ich danke dir, dass du uns füreinander geschaffen hast, dass unsere Lebenswege sich trafen und unsere Liebe sich entzündete. Wir erkennen darin auch deine Liebe zu uns. Du hast unserem Leben einen neuen Sinn und ein Ziel gegeben. Bleibe bei uns auf unseren Wegen. Bleibe bei uns mit deinem Heiligen Geist bis in alle Ewigkeit. Amen."

Das nächste Gebet verbindet Anliegen des Paares und der Gäste. Es kann vom Pfarrer/der Pfarrerin/den Brautleuten oder Gästen gesprochen werden:

„Allmächtiger Gott, du Schöpfer und Behüter allen Seins, Vater und Mutter zugleich. Du bist alles Gute. Zu dir wenden wir uns, weil wir Menschen allein hilflos sind. Schau auf unsere Liebe und unsere Freude, sei bei uns in all unserer Hoffnung. Gib du zu unserem menschlichen Ja dein göttliches Amen. Vollende, was wir in deinem Namen beginnen. Darum bitten wir dich durch Jesus Christus. Amen."

Kinder beten mit

Das Tagesgebet eignet sich, um Kinder zu beteiligen. Dazu wird ihr Beitrag dem Gebet eingefügt oder angehängt. Drei Beispiele:

„Lieber Gott, wir danken dir, dass du Inga und Michael füreinander geschaffen hast. Das ist ein großes Wunder. Bleibe bei den beiden und tue noch mehr solche Wunder. Danke. Amen."

„Großer Gott, es gibt so viele Wege auf dieser Welt. Da kann man sich schnell verlaufen. Und doch haben Inga und Michael sich gefunden, weil du sie auf denselben Weg geführt hast, damit sie sich begegnen. Das freut uns sehr. Danke. Amen."

„Allmächtiger Gott, du hast jeden Menschen lieb, auch Inga und Michael. Darum machst du ihnen ein Geschenk: Inga schenkst du Michael und Michael schenkst du Inga. Sei immer mit deiner Liebe bei den beiden, die jetzt zusammengehören. Amen."

∞ ∞

Psalmgebete

„Der Herr ist unser Hirte, nichts wird uns fehlen. Er lässt uns lagern auf grünen Wiesen und führt uns zum Ruheplatz am Wasser. Er stillt unser Verlangen; er leitet uns auf rechten Wegen. Müssen wir auch wandern in finsterer Schlucht, wir fürchten kein Unheil. Denn du bist bei uns wie ein Hirte bei seinen Schafen; dein Stock und Stab geben uns Zuversicht. Du deckst uns den Tisch vor den Augen unserer Feinde. Du salbst unser Haupt mit Öl, du füllst uns den Becher reichlich und stillst all unseren Durst. Wir vertrauen darauf, dass deine Güte und Barmherzigkeit uns begleiten werden, solange wir leben." (nach Psalm 23)

„Gott ist unser Licht und unser Heil; vor wem sollten wir uns fürchten? Gott ist unseres Lebens Kraft; wovor sollte uns grauen? Bei ihm sind wir sicher wie in einer festen Burg, darum blicken wir getrost in die Zukunft. Um Eines bitten wir unseren Gott: dass wir unter seinem Segen bleiben dürfen und er bei uns einzieht alle Tage unseres Lebens. Vernimm, o Gott, unser Rufen und sei uns gnädig. Wenn uns auch Vater und Mutter einmal verlassen müssen, bleibe du bei uns. Wir hoffen auf unseren Gott und gehen unseren Weg getrost und unverzagt." (nach Psalm 27)

Trauversprechen / Liebeserklärungen

Das Brautpaar klärt mit den Geistlichen, welche Stellung ein solches Versprechen im Rahmen des Trauritus haben kann. Kann es den vorgegebenen Vermählungsspruch ersetzen oder wird es diesem bzw. dem Jawort angehängt?

Nach dir gesehnt

Bräutigam: „Wie habe ich mich nach dir gesehnt, habe geträumt, einen Augenblick dir nahe zu sein. Der Augenblick hat mich schon glücklich gemacht, doch er ist mir nicht mehr genug – selbst eine Stunde ist nicht mehr genug, ein Tag ist nicht mehr genug. Ein Leben lang muss es sein. Darum sage ich: Ja. Ja, ich nehme dich aus Gottes Hand, ich will dich lieben, dich achten und dir treu sein, solange ich lebe."

Braut: „Ich fühlte mich hingezogen zu dir, wollte dir nahe sein. Nun bist du ein Teil von mir. Ich bin ein Teil von dir, so nahe sind wir uns. Mein Leben ist neu durch dich. Darum sage ich: Ja. Ja, ich nehme dich aus Gottes Hand. Ich will dich lieben, dich achten und dir treu sein, solange ich lebe."

Süchtig nach dir

Er: „So möchte ich mit dir leben: süchtig nach dir – aber nicht eifersüchtig; stolz auf dich und mich – aber nicht überheblich."

Sie: „Ich möchte dich für mich haben, aber nicht nur an mich denken."

Er: „Ich möchte dich achten und dir vertrauen, dir treu sein, für dich sorgen, dir vergeben."

Sie: „Ich möchte dich immer lieben – immer wieder neu."

Beide: „So soll es bleiben – solange wir leben. Dazu helfe uns Gott."

Er: „Dass unsere Wege zusammenführten, dass unsere Blicke sich trafen, dass unsere Gedanken sich verbanden – ich bin dankbar dafür."

Sie: „Dass unsere Körper sich berührten, dass unsere Sehnsucht sich erfüllte – ich bin dankbar dafür."

Er: „Ich will dich immer lieben, du sollst mir einmalig bleiben. Ich will dir nahe sein, dich umsorgen und dir vergeben. Mit dir will ich träumen und hoffen, für uns und diese Welt. So soll es bleiben, solange wir leben."

Sie: „Ich will dich immer lieben, du sollst mir einmalig bleiben. Ich will dir nahe sein, dich umsorgen und dir vergeben. Mit dir will ich träumen und hoffen, für uns und diese Welt. So soll es bleiben, solange wir leben."

Für immer

Er: „Immer möchte ich dich lieben und von dir geliebt werden. Ich möchte dich achten und mit deiner Achtung leben, dir vertrauen und dein Vertrauen genießen, dir die Treue halten und deiner Treue gewiss sein."

Sie: „Immer möchte ich dich umsorgen und in deinen sorgenden Armen aufatmen, dir vergeben und mit deiner Vergebung neu beginnen können."

Beide: „So ist es jetzt und so soll es bleiben, solange wir leben."

Leitet ein selbst formuliertes Treuegelöbnis die Vermählung durch das Jawort ein, kann der Pfarrer/die Pfarrerin die Traufrage anschließen:

P: „Ihr habt nun einander eure Liebe bekundet und euch Treue gelobt. So frage ich euch im Angesicht Gottes und vor all diesen Zeugen: Ist das euer aufrichtiges Versprechen; nehmt ihr euch einander aus Gottes Hand, wollt ihr euch so lieben und einander treu sein, solange ihr lebt?"

Braut und Bräutigam gemeinsam: „Ja (mit Gottes Hilfe)!"

Paarsegen / Gute Wünsche / Sendungsworte

Einer ist stets da

I: „Wohin euer Lebensweg euch führen wird, einer ist längst da. Er ist diesseits und jenseits aller Mauern und aller Grenzen, aller Längen- und Breitengrade."

II: „Wie immer wir die Welt aufteilen, er ist in jedem Teil. Er ist im Norden und im Süden, im Osten und im Westen; er ist im hellen Sonnenschein und in der tiefsten Nacht."

I: „Er ist mit euch im hohen Schnee, im stärksten Regen, auf den Weiten des Meeres, auf dem höchsten Berg; überall ist er mit euch. Er selbst ist der Tag, er ist die Nacht, kein Datum hält ihn auf. Mit ihm springt ihr über alle Grenzen, durchschreitet alle Täler, übersteigt alle Höhen."

I: „Er ist bei euch bis ans Ende aller Zeiten. Er hält sein Versprechen, er, euer Gott."

P: „Gottes Segen, das ist alles erdenklich Gute. Die Fülle seines Segens komme auf euch."

Gute Wünsche

„Liebe Hochzeiter,
wir wünschen euch viel Glück auf all euren Wegen!
Gesundheit wünschen wir euch und die Kraft, auch Schweres zu ertragen.
Dass ihr immer Arbeit habt, wünschen wir.
Dass euch die Hoffnung nie ausgeht und ihr immer Freunde habt, die helfen.
Wir wünschen, dass ihr in Frieden leben dürft, dass eure Liebe stark bleibt, dass euer Zusammenleben nicht langweilig wird und ihr nicht vergesst, dass wir immer für euch da sind."

Alles erdenklich Gute

P: „Der allmächtige Gott breite seine Flügel über euch aus wie ein Vogel, der die Küken schützt."

I: „Er sei wie Regen in der Trockenheit, der das dürre Land aufatmen lässt."

II: „Er sei wie ein Hirte, bei dem kein Schaf verloren geht."

I: „Er sei wie ein sicheres Schiff, das den stärksten Wellen trotzt."

II: „Er sei wie ein Fels, ein Retter vor der Brandung."

III: „Er sei wie ein Sonnenstrahl, der das Eis tauen lässt."

P: „Er sei wie Schatten in der Hitze, in dem ihr ruhen könnt."

I: „Er sei ein Weg in der Wüste, auf dem ihr euer Ziel erreicht."

II: „Alles erdenklich Gute sei der allmächtige Gott für euch."

III: „Er sei in der Mitte eures Lebens."

Mögen euch Flügel wachsen

„Mögen euch die Worte nie versagen,
   wenn ihr euch etwas Liebes sagen wollt.
Mögen eure Arme nicht erlahmen,
   wenn ihr die Hand zur Versöhnung ausstreckt.
Mögen eure Füße nie müde werden, wenn ihr eure Ziele anstrebt.
Mögen euch Flügel eines Engels wachsen,
   wenn ihr eure Träume verwirklichen wollt."

Glaube, Hoffnung, Liebe

„Gott schenke euch Glaube, Hoffnung, Liebe, diese drei!

Glaube – Glaube erleuchtet, lässt euch vieles in neuem Licht sehen. Er zeigt euch den Schein, der trügt, aber auch den Glanz im Unscheinbaren, die Schwäche der Starken und die Stärke der Schwachen. Gott schenke Glaube, der euch erleuchtet.

Hoffnung – Hoffnung beflügelt, lässt euch weiter schauen. Hoffnung öffnet deinen Blick über das Selbstverständliche hinaus, über Grenzen hinweg, durch Dunkel hindurch, bringt dich zu neuen Ufern. Gott schenke Hoffnung, die euch beflügelt.

Liebe – Liebe beseelt, lässt mit dem Herzen sehen. Liebe zeigt euch, was das Auge nicht sieht, das Ohr nicht hört, das Denken nicht erkennt, der Verstand nie begreift. Gott schenke Liebe, die euch beseelt."

꩜ ꩜

Lesungen zur Hochzeitskerze

Kerzentext 1

I: „Wir zünden diese Hochzeitskerze an. Sie strahlt Wärme aus. Auf diese Weise ruft sie euch zu:"

II: „Achtet darauf, dass eure Gefühle nicht abkühlen! Gebt einander stets genug Wärme und Geborgenheit."

I: „Man spürt ihre Nähe. Selbst, wenn man die Augen schließt. So ruft sie:"

II: „Genießt es, einander nah zu sein! Auch wenn ihr an verschiedenen Orten seid, wenn ihr euch nicht seht, so spürt, dass der andere mit Gedanken, mit Gefühlen, mit seiner Liebe nah ist."

I: „Seht das frohe Leuchten! So ruft sie:"

II: „Vergesst nicht, euch jeden Tag mindestens einmal einen Grund zur Freude zu geben, zur Freude, die eure Augen zum Leuchten bringt!"

I: „Still, lautlos brennt die Kerze."

II: „Mitten in aller Hektik, die ein gemeinsames Leben auch mit sich bringt, achtet darauf, immer wieder innezuhalten, um stille Stunden miteinander zu erleben, in denen ihr die Liebe genießt!"

I: „Nach oben strebt das Licht der Kerze."

II: „Bleibt aufrecht! Selbst wenn ihr in Bedrängnis geratet, lasst euch nicht unterkriegen, haltet zusammen, bleibt gemeinsam stark."

I: „Feierlich ist das Kerzenlicht."

II: „Euer Leben sei ein Fest! Genießt es miteinander, singt miteinander, lacht miteinander, freut euch des Lebens."

I: „Das Licht dieser Kerze bringt einen hellen Schein in die Dunkelheit."

II: „Wenn auch mal dunkle Stunden kommen, achtet darauf, euch immer wieder gegenseitig Mut und Kraft zu geben! Dann werden eure Herzen in jeder Situation hoffnungsvoll leuchten."

Kerzentext 2

I: „Ihr werdet diese Kerze nicht brauchen, um Licht zu machen – höchstens wenn mal der Strom ausfällt. Und doch möchte sie euch stets gute Dienste leisten. Zündet sie immer wieder an und seht:"

II: „Wärme, Freude, Licht gibt diese Kerze, ohne nach einer Gegenleistung zu fragen. Sie verschenkt sich bedingungslos an euch, wird dabei kleiner, opfert sich also auf für euch. Und ruft euch damit zu:"

I: „So sei eure Liebe! Seid füreinander da, freut euch aneinander, bringt auch Opfer füreinander, fragt nicht nach Gegenleistung, liebt einfach."

Kerzentext 3

I: „Diese Kerze geben wir euch mit auf den gemeinsamen Weg. Es ist nicht einfach eine Kerze. Es ist ein Symbol, ein Zeichen für all unsere guten Wünsche."

II: „Euer Leben miteinander sei wie das Licht dieser Kerze: Es sei besinnlich und dennoch bunt, froh, lebendig flackernd, voll wohltuender Wärme, stets beweglich, voller Hoffnung und Fantasie!"

I: „Seid füreinander da, einfach so aus voller Liebe, ohne zu fragen, was es bringt. Ohne eine Gegenleistung zu verlangen. Einfach so. So wie diese Kerze für euch leuchtet, einfach so."

II: „Euer Leben sei wie das Licht dieser Kerze: Fröhlich, feierlich, warm. Euer Leben sei ein Fest."

I: „Zündet die Kerze manchmal an – erinnert euch an unsere Wünsche, schaut und hört und liebt."

꩜ ꩜

Liebeslieder

Der Trauritus endet mit dem Trausegen und dem Kuss des Brautpaars. Hier ist eine Liste geeigneter Aufnahmen, die man direkt im Anschluss abspielen bzw. live vortragen kann – in alphabetischer Reihenfolge. In Klammern stehen die Interpreten.

A moment like this (Kelly Clarkson)
A thousand years (Christina Perri)
Always (Bon Jovi)
Bedingungslos – Hochzeitslied (Kate und Ben)
Can you feel the love tonight (Elton John)
Can't help falling in love with you (Elvis Presley)
Crazy love (Michael Bublé)
Das Beste (Silbermond)
Dir gehört mein Herz – Hochzeitsversion (Phil Collins)
Du (Glashaus)
Du bist mein Licht – Hochzeitssong (Birte Gäbel)
Endless love (Diana Ross / Lionel Richie)
From this Moment on (Shania Twain)
Give your all to me, I'll give my all to you
    (John Legend / Lindsey Stirling)
Hallelujah (Leonard Cohen)
I belong to you (Eros Ramazzotti / Anastacia)

I can't stop loving you (Ray Charles)
I want to grow old with you (Westlife)
I want to grow old with you – Hochzeitsversion (Bride / Groom)
I want to spend my lifetime loving you (Tina Arena / Marc Anthony)
I will be right here waiting for you (Richard Marx)
Ich fühl wie du (Engelsgleich / Peter Maffay)
Ich kenne nichts, das so schön ist wie du (RZA / Xavier Nadoo)
If I aint't got you (Alicia Keys)
Just the way you are (Billy Joel)
Just the way you are (Bruno Mars)
Kiss from a rose (Seal)
Lass es Liebe sein (Adoro)
Lean on me (Bill Withers)
Liebe ist (Nena / Adoro)
Lieblingsmensch (Namika)
Love me tender (Elvis Presley)
Love you till the end (The Pogues)
Marry me (Train)
Marry you (Bruno Mars)
More than words (Extreme)
My heart will go on (Celine Dion)
Nine million bicycles (Katie Melua)
Nothing's gonna change my love for you (George Benson)
One moment in time (Whitney Houston)
Ohne dich (Münchener Freiheit)
Sag einfach ja (Tim Bendzko)
Sag es laut (Xavier Nadoo / Engelsgleich)
Stand by me (Ben E. King)
Stay with you (John Legend)
The first time ever I saw your face (Peggy Seeger)
The rose (Bette Midler)
Und wenn ein Lied (Söhne Mannheims)
When you say nothing at all (Ronan Keating)
You are so beautiful to me (Joe Cocker)
You are the sunshine of my live (Stevie Wonder)
You light up my life (Whitney Houston)

You make it real (James Morrison)
You make me feel brand new (Simply Red)
You never walk alone (Mathou)
You raise me up (Josh Groban)
Your song (Elton John)

Nicht geeignete Songs

Man achte darauf, dass nicht nur die Melodie gefällt, sondern auch der Text passt, selbst wenn er englisch ist. Einige Lieder, die man aufgrund der Titelzeile oft bei Trauungen hört, sind nicht geeignet:

Saving all my love for you (Whitney Houston): Es geht um eine heimliche Liebesbeziehung einer Frau zu einem verheirateten Mann.
Someone like you (Adele): Der Text spricht von enttäuschter Liebe und Trennung. – „Ich finde jemand wie dich!"
When we stand together (Nickelback): Ein Protestsong gegen Krieg und politische Gleichgültigkeit, der ausdrückt: Mit Raketen kann man nicht gewinnen. Wenn man zusammensteht, gewinnen alle.

꘎ ꘎

Fürbitten

Stellen Sie aus den Vorschlägen Ihr Gebet zusammen!

Bitten für das Brautpaar

„Allmächtiger Gott, wir bitten dich!
Lass Inga und Michael eine glückliche Ehe führen.
Lass ihre Wünsche in rechter Weise in Erfüllung gehen.
Begleite sie, schaue gütig auf ihre Hoffnungen und Sorgen.

Lass sie in Freude und Leid spüren, du bist mit deiner Treue bei ihnen.
Lass sie immer wissen, dass sie einander geschenkt sind, und lass sie
stets dankbar für dieses Geschenk sein.
Gib die Gnade, dass sie noch in vielen Jahren zueinander sagen:
'Ich will ohne dich nicht leben.'
Wir wünschen, dass sie so bescheiden und natürlich bleiben, wie wir
sie lieben. Mögen sie die Kraft haben, dass sie ihr Jawort und alle
Versprechen, die sie sich heute gaben, immer wieder einlösen.
Wir bitten dich, sanfter Gott, dass auch die Kinder, die sie sich
wünschen, die Liebe und Geborgenheit spüren, die wir heute
erleben dürfen.
Wir beten dafür, dass die Menschen in ihrer Umgebung ihnen ihre
eigenen Wege zugestehen.
Lehre sie, weiser Gott, zu vergeben, hilf ihnen zu vergessen, wenn
es heilsam ist, und zu fordern, wenn es nötig ist.
Wir erbitten, dass ihre Ehe ein Ort der Ehrlichkeit, der Offenheit,
der Geduld und des Vertrauens bleibt.
Gerechter Gott, lass ihr Zusammenleben eine Insel der Liebe sein
in einer Welt von Streit, Misstrauen, Missgunst, Neid und Hass.
Sie sollen Kraft, Mut und Weisheit haben, alles Gute, das aus der
Liebe kommt, an ihre Kinder weiterzugeben."

Bitten für die Familien

„Gütiger Gott, wir bitten für die Familien, in denen sie aufwuchsen:
Hilf ihnen, Inga und Michael loszulassen und doch für sie da zu sein.
Decke du sanft zu, was wund ist und Zeit zum Heilen braucht.
Gib den Eltern und Geschwistern offene und freie Herzen, die sich
jederzeit mit Inga und Michael freuen können.
Schenke ihnen in aller Hektik und Unruhe der Zeit deinen heilsamen
Frieden.
Gib, dass das Leben der Eltern von Inga und Michael nicht einsam
wird und sie sich noch lange am Glück der Kinder freuen dürfen.
Wir bitten, dass sie noch lange die Kraft haben, mit Taten und guten
Gedanken bei Inga und Michael zu sein."

Bitten für die anderen Anwesenden

„Liebender Gott, sei du bei allen, die in einer Partnerschaft zusammen leben.
Schenke allen Menschen, die gemeinsame Wege suchen, Geduld statt Drängen, Mut statt Flucht, Hoffnung statt Resignation.
Manche Menschen tun sich schwer miteinander in ihrer Partnerschaft.
Hilf du ihnen, dass sie Klarheit in ihre Beziehung bringen können, und wenn möglich, lass ihre Liebe neu aufblühen.
Schenk denen, deren Liebe abgekühlt ist, Mut, Kraft und Fantasie, neue Wege zu finden.
Hilf uns, Michael und Inga stets zu begleiten und sie doch ihre Wege gehen zu lassen.
Bewahre uns vor der Versuchung, Inga und Michael in einen Rahmen pressen zu wollen, der nicht ihrer ist.
Wo wir gebraucht werden, gib uns tröstende Worte und helfende Hände.
Lass auch uns, starker Gott, die Liebe täglich neu finden, damit unser Leben nicht leer dahinrauscht. Lass uns immer wieder lebendig werden, wenn Glaube, Hoffnung, Liebe in uns sterben."

Bitten für Verstorbene, Kranke und Notleidende

„Barmherziger Gott, wir beten für unsere verstorbenen Angehörigen.
Wir wissen, dass du ihnen eine Heimat gibst.
Lass unsere Liebe eine Brücke zu denen sein, die nicht mehr bei uns sind. Tröste die Traurigen, die Trauernden und Einsamen.
Wir denken in besonderer Weise an die kranken und alten Menschen.
Lass uns wissen, dass wir Verantwortung für sie haben.
Für alle Notleidenden dieser Welt beten wir, für die Flüchtenden und Hungernden, für die Trauernden und Traurigen.
Hilflos stehen wir vor Gewalt und Katastrophen in dieser Welt.
Wir bitten dich, ewiger Gott, lass Michaels und Ingas Jawort Wellen schlagen, dass auch andere Menschen Ja zueinander sagen."

Schlusssegen

Kursiv gedruckt sind die Zusätze, mit denen Sie die Segensformel erweitern können.

Der trinitarische Segen entfaltet

„Es segne dich
mit allem Guten für deine Seele, deinen Geist und deinen Leib
und behüte dich
auf all deinen Wegen
der allmächtige Gott,
der dich in diese Welt schickte,
der barmherzige Gott,
der dich trägt, wenn deine Kräfte versagen,
der Vater,
der immer schon da war, der Ursprung allen Seins,
der Sohn,
der Mensch wurde, um dir nahe zu sein,
und der Heilige Geist,
der als gute Kraft dein Leben bereichert,
der bei dir war und ist und immer bei dir sein wird.
Amen."

Der Aaronitische Segen entfaltet

„Der allmächtige Gott,
der dich in diese Welt schickte und am Ziel stehen wird, um dich
zu empfangen,
segne dich,
dass du auf deinen Wegen seine Kraft und Liebe spürst.

Er behüte dich,
dass seine Engel dich schützend umgeben in jeder Gefahr.
Er lasse sein Angesicht leuchten über dir,
dass sein Licht dir stets den Weg zeigt.
Er sei dir gnädig,
dass du jeden Tag unbeschwert beginnen kannst.
Er erhebe sein Angesicht auf dich,
damit du ihn erkennst in Freude und Leid.
Und er schenke dir seinen Frieden,
*dass du in Einklang lebst mit den Menschen, der Natur
und seinem Geist. So gehe unter Gottes reichem Segen.*
Amen."

Eigener Segenstext

„Gottes Segen, das ist alles erdenklich Gute.
Die Fülle seines Segens komme auf euch.
Gott breite seine Flügel über euch aus wie ein Vogel,
der die Küken schützt.
Er sei wie Regen in der Trockenheit,
der das dürre Land aufatmen lässt.
Er sei wie ein Hirte, bei dem kein Schaf verloren geht.
Er sei wie ein sicheres Schiff, das den stärksten Wellen trotzt.
Er sei wie ein Fels, ein Retter vor der Brandung.
Er sei wie ein Sonnenstrahl, der das Eis tauen lässt.
Er sei wie Schatten in der Hitze und gebe euch Schutz.
Er sei ein Weg in der Wüste, auf dem ihr euer Ziel erreicht.
Alles erdenklich Gute sei der allmächtige Gott für euch.
Er sei in der Mitte eures Lebens.
So segne und behüte euch der allmächtige Gott,
der Vater, der Sohn und der Heilige Geist.
Amen."

Biblische Sprüche

FREUDE

- Seid fröhlich, denn Gott ist euer Schutz. Er ist euer Schirm; ihr dürft jubeln und springen vor Freude. (Psalm 5,12)
- Du eröffnest mir den Weg zum Leben: Vor deinem Angesicht ist die Fülle der Freude. (Psalm 16,11)
- Dies ist der Tag, der von Gott kommt; so lasst uns freuen und jubeln. (Psalm 118,24)
- Der ewige Gott hat Großes an uns getan, so können wir fröhlich sein. (Psalm 126,3)
- Ihr sollt in Freuden ausziehen und im Frieden geleitet werden. Berge und Hügel sollen vor euch jauchzen und alle Bäume auf dem Feld sollen in die Hände klatschen. (Jesaja 55,12)
- Ich will mich freuen und jubeln, denn der Gott ist mein Heil. (Habakuk 3,18)
- Jubelt und freut euch! Denn siehe, ich komme und will bei euch sein, spricht der allmächtige Gott. (Sacharja 2,14)
- Fröhlich seid allezeit, wendet euch an Gott ohne Unterlass, habt Dankbarkeit im Herzen. (1. Thessalonicher 5,16-18)
- Lasst uns freuen und fröhlich sein und Gott die Ehre geben. (Offenbarung 19,7)

KRAFT / SCHUTZ

- Gott spricht: Ich werde euch einen Engel schicken, der euch vorausgeht. Er soll euch auf dem Weg schützen und euch an das Ziel bringen, das ich bestimmt habe. (2. Mose 23,20)
- Es sei euch stets bewusst, dass es der allmächtige Gott ist, der euch alle Kraft verleiht. (5. Mose 8,18)
- Fürchte dich nicht und habe keine Angst; denn dein Gott ist mit dir bei allem, was du unternimmst. (Josua 1,9)

- Gott wird euch behüten wie einen Augapfel. Er beschirmt euch unter dem Schatten der Flügel all seiner Engel. (Psalm 17,8)
- Alle, die dem Weg der Liebe folgen, umgibt Gottes Engel mit mächtigem Schutz und schenkt ihnen Sicherheit. (Psalm 34,8)
- So köstlich ist deine Güte, Gott, dass Menschenkinder unter dem Schatten deiner Flügel Zuflucht finden. (Psalm 36,8)
- Alle eure Sorgen werft auf Gott. Er wird euch tragen. (Psalm 55,23)
- Vertraut auf Gott für immer, schüttet euer Herz vor ihm aus; er ist der schützende Ort. (Psalm 62,9)
- Unsere Hilfe kommt von dem, der Himmel und Erde gemacht hat. (Psalm 121,2)
- Verlasst euch auf den Allmächtigen immerdar; denn Gott ist ein ewiger Fels. (Jesaja 26,4)
- Die auf Gott hoffen, schöpfen immer wieder neue Kraft. (Jesaja 40,31)
- Ich bleibe derselbe, spricht Gott, so alt ihr auch werdet; bis ihr grau werdet, will ich euch tragen. (Jesaja 46,4)
- Ist Gott für uns, wer könnte gegen uns sein. (Römer 8,31)
- Alles vermag ich durch ihn, der mir Kraft gibt. (Philipper 4,13)
- Der allmächtige Gott ist treu; er wird euch stärken und bewahren vor dem Bösen. (2. Thessalonicher 3,3)
- Alle eure Sorge werft auf ihn, denn er sorgt für euch. (1. Petrus 5,7)

LIEBE

- Wo du hingehst, da will ich auch hingehen; wo du bleibst, da bleibe ich auch. Dein Volk ist mein Volk, und dein Gott ist mein Gott. Wo du stirbst, da sterbe ich auch, da will auch ich begraben werden. (Rut 1,16)
- Der ewige Gott wende uns seine Liebe zu, er lasse sein Angesicht leuchten über uns und schenke uns seinen Segen. (Psalm 67,2)
- Dankt Gott, denn er ist freundlich, und seine Liebe hört niemals auf. (Psalm 106,1)

- Auch mächtige Wasser können die Liebe nicht löschen; auch Ströme schwemmen sie nicht weg. (Hohelied 8,7)
- Sie sind also nicht mehr zwei, sondern eins. Was aber Gott verbunden hat, das soll der Mensch nicht trennen. (Matthäus 19,6)
- Jesus spricht: Wie mich der Vater liebt, so liebe ich euch. Bleibt in meiner Liebe. (Johannes 15,9)
- Das ist mein Gebot: Liebt einander, so wie ich euch geliebt habe. (Johannes 15,12)
- Alle Dinge führen zum Guten bei denen, die Gott lieben. (Römer 8,28)
- Bleibt niemand etwas schuldig, nur Liebe schuldet einander immer. (Römer 13,8)
- Die Liebe ist geduldig und freundlich, sie kennt keinen Neid, keine Selbstsucht. (1. Korinther 13,4)
- Die Liebe erträgt alles, glaubt alles, hofft alles, hält allem stand. Die Liebe hört niemals auf. (1. Korinther 13,7f.)
- Nun aber bleiben Glaube, Hoffnung, Liebe, diese drei; aber die Liebe ist die größte unter ihnen. (1. Korinther 13,13)
- Alles, was ihr tut, soll von Liebe bestimmt sein. (1. Korinther 16,14)
- Einer trage des andern Last, denn so werdet ihr das Gesetz Christi erfüllen. (Galater 6,2)
- Führt euer Leben eurer christlichen Berufung entsprechend; erhebt euch nicht übereinander, sondern seid freundlich und geduldig und vertragt euch miteinander. (Epheser 4,1f.)
- Wir wollen zur Wahrheit stehen, die Gott uns bekannt gemacht hat, und in Liebe zusammenhalten. (Epheser 4,15)
- Seid untereinander freundlich und herzlich und vergebt einer dem anderen, so wie Gott euch durch Christus vergeben hat. (Epheser 4,32)
- Lebt als Kinder des Lichts; das Licht bringt Güte, Gerechtigkeit und Wahrheit hervor. (Epheser 5,8f.)
- Habt dieselbe Gesinnung, dieselbe Liebe und Eintracht! Verfolgt dasselbe Ziel. (Philipper 2,2)
- Vergebt einander, wenn einer dem anderen etwas vorzuwerfen hat. Wie der Herr jedem von euch Vergebung geschenkt hat, so gebt sie

weiter. Vor allem aber liebt einander, denn die Liebe ist das Band, das alles zusammenhält. (Kolosser 3,13f.)

– Der Herr richte eure Herzen aus auf die Liebe Gottes und die Geduld Christi. (2. Thessalonicher 3,5)
– Jage aber nach der Gerechtigkeit, der Gottseligkeit, dem Glauben, der Liebe, der Geduld, der Sanftmut. (1. Timotheus 6,11)
– Vor allem haltet fest an der entfalteten Liebe zueinander. Jeder von euch hat von Gott Gaben geschenkt bekommen; setzt diese füreinander ein. (1. Petrus 4,8-10)
– Seht, welch eine Liebe hat uns der Vater erwiesen, dass wir Gottes Kinder heißen sollen – und wir sind es auch. (1. Johannes 3,1)
– Gott ist Liebe, und wer in der Liebe bleibt, der bleibt in Gott und Gott in ihm. (1. Johannes 4,16)
– Furcht ist nicht in der Liebe, sondern die vollkommene Liebe treibt Furcht aus. (1. Johannes 4,18)
– Lasst uns einander lieben, denn Gott hat uns zuerst geliebt. (1. Johannes 4,19)

WEG

– Gott spricht: Ich will mit dir gehen und dich segnen. (1. Mose 26,3)
– Wohin du auch gehst, ich gehe mit dir. Und wo du auch verweilst, ich bin da. (Rut 1,16)
– Gottes Wege sind vollkommen. Er ist ein Schild allen, die ihm vertrauen. (2. Samuel 22,31)
– Gott stärkt mich mit Kraft und weist mir den rechten Weg. (2. Samuel 22,33)
– Mit meinem Gott springe ich über Mauern. (Psalm 18,30)
– Sende dein Licht und deine Wahrheit, dass sie mich leiten auf all meinen Wegen. (Psalm 43,3)
– Dennoch bleibe ich stets an dir; denn du führst mich an meiner rechten Hand. (Psalm 73,23)
– Weise uns, Gott, deinen Weg, dass wir ihn gehen in Treue zu dir. (Psalm 86,11)

- Dein Wort ist meines Fußes Leuchte und ein Licht auf meinem Weg. (Psalm 119,105)
- Ich gehe oder liege, so bist du um mich und auf all meinen Wegen. (Psalm 139,3)
- Denkt an Gott bei allem, was ihr tut! Er wird euch den richtigen Weg weisen. (Sprüche 3,6)
- Des Menschen Herz erdenkt sich seinen Weg; aber Gott allein lenkt seinen Schritt. (Sprüche 16,9)
- Ihr sollt in Freuden ausziehen und im Frieden geleitet werden. (Jesaja 55,12)
- Wir gehen unseren Weg im Namen des Herrn, unseres Gottes, für immer und ewig. (Micha 4,5)

Die biblischen Texte hat der Autor nach Vorlage der lateinischen Bibel (Vulgata) und der gängigen deutschen Übersetzungen (Elberfelder, Luther, Zürcher) selbst übersetzt.

∞ ∞

Sprüche aus der Literatur

LIEBE

- Der hat immer etwas zu geben, dessen Herz voll ist von Liebe. (Augustinus)
- Jedem steht ein Engel zur Seite, wenn wir ihn nicht durch unsere bösen Werke vertreiben. (Bischof Blasius)
- Die Liebe allein versteht das Geheimnis, andere zu beschenken und dabei selbst reich zu werden. (Clemens von Brentano)
- Die Summe unseres Lebens sind die Stunden, wo wir lieben. (Wilhelm Busch)
- Die Liebe hemmet nichts; sie kennt nicht Tür noch Riegel und dringt durch alles sich. Sie ist ohn Anbeginn, schlug ewig ihre Flügel und schlägt sie ewiglich. (Matthias Claudius)

- Das Liebhaben ist gewiss das größte Wunder im Himmel und auf Erden und das Einzige, von dem ich mir vorstellen kann, dass ich es in Ewigkeit nicht satt bekommen werde! (C. Claudius-Perthes)
- Die Liebe bewegt die Sonne und die anderen Sterne, und sie bewegt auch uns. (Dante Alighieri)
- Einen Menschen lieben heißt, ihn so sehen, wie Gott ihn gemeint hat. (Fjodor Michailowitsch Dostojewski)
- Entscheide dich stets für die Liebe! Wenn du dich ein für alle Mal dazu entschlossen hast, wirst du die ganze Welt bezwingen. (Fjodor Michailowitsch Dostojewski)
- Wenn ihr liebt, werden sich euch die Geheimnisse des Göttlichen offenbaren. (Fjodor Michailowitsch Dostojewski)
- Wenn Menschen sich lieben, dann bleiben sie jung füreinander. (Paul Ernst)
- Liebe macht vieles Unmögliche möglich. (Johann Wolfgang von Goethe)
- Die wahre Liebe ist unermesslich und deswegen unzerstörbar für alle Zeit. (Joseph von Görres)
- Solange man liebt, solange man lebt, solange man strebt und Liebe gibt, ist's Leben auch lebenswert. (Klaus Groth)
- Wo Engel sich niederlassen, da ist der Himmel, und sei es auch mitten im Weltgetümmel. (Hafes, persischer Dichter des Mittelalters)
- Was ist denn Liebe? Sag! Zwei Seelen und ein Gedanke, zwei Herzen und ein Schlag. (Friedrich Halm)
- Das wahre und sichtbare Glück des Lebens liegt nicht außerhalb, sondern in uns. (Johann Peter Hebel)
- Was ist alles, was in Jahrtausenden die Menschen taten und dachten, gegen einen Augenblick der Liebe? (Friedrich Hölderlin)
- Wir Menschen sind wie Engel, die keine Flügel mehr haben; aber wir erinnern uns daran, dass wir sie einmal hatten. Wenn wir daran glauben, sie wiederzubekommen, dann werden wir von der Hoffnung verwandelt. (Johannes Paul I)
- Die Liebe trägt die Seele, wie die Füße den Leib tragen. (Katharina von Siena)
- Es gibt keinen besseren Maßstab der Liebe als Vertrauen. (Meister Eckhart)

- Wenn die Liebe der Gewöhnung widersteht, hat sie nichts zu befürchten. (Alfred de Musset)
- Wenn man mit Flügeln geboren wird, sollte man alles dazu tun, um sie zum Fliegen zu benutzen. (Florence Nightingale)
- Ein Tropfen Liebe ist mehr als ein Ozean Verstand. (Blaise Pascal)
- Je mehr Liebe man gibt, desto mehr besitzt man davon. (Rainer Maria Rilke)
- Das Erste in der Liebe ist der Sinn füreinander und das Höchste der Glaube aneinander. (Friedrich Schlegel)
- Willst du geliebt werden, so liebe! (Seneca)
- Das ist schwer: ein Leben zu zwei'n. Nur eins ist noch schwerer: einsam zu sein. (Kurt Tucholsky)

∞ ∞

Biblische Lesungen

Lege mich auf dein Herz, nimm mich in den Arm. Lass mich da einzigartig sein wie ein Siegelring. Unüberwindlich ist der Tod; doch ebenso fest ist die Liebe. Wen die Liebe erfasst, der weiß, wie stark sie brennt. Die Liebe ist die Flamme Gottes. Mächtige Fluten können diese Liebe nicht auslöschen; gewaltige Ströme reißen sie nicht fort. Man kann die Liebe nicht kaufen; und böte einer seinen ganzen Besitz dafür, man würde ihn nur auslachen. (Hohelied 8,6f.)

Wie ihr täglich eure Kleider anzieht, so könnt ihr euch auch täglich neu bekleiden mit herzlichem Erbarmen, Güte, Demut, Milde, Langmut! Denn Gott ist mit seiner Liebe stets bei euch. Ihr könnt einander vergeben, wie Gott euch vergeben hat. Vergesst nicht, immer wieder die Liebe anzuziehen. Sie ist das Band, das die Kleidung zusammenhält. Und der Friede Christi regiere in euren Herzen. (Kolosser 3,12-15)

Wenn ein Mensch Mangel hätte an Kleidung und an der täglichen Nahrung, und du sprächest zu diesem: „Gehe hin in Frieden, wärme dich und sättige dich", so wären dies nur leere Worte, nicht mehr als eine sinnlose Bewegung der Zunge, wenn du nicht auch geben würdest, was der Leib dieses Menschen nötig hat.   (Jakobus 2,15)

So liebt euch nicht mit Worten, sondern mit der Tat und mit der Wahrheit. Denn mit leeren Worten betrügt man sich nur. Gott gibt dir, was du brauchst. Das ist wahre Liebe. Gott ist größer als unser menschliches Herz, doch auch die Wahrheit eurer Liebe zeigt sich daran, was ihr bereit seid, einander zu geben.   (1. Johannes 3,18 erweitert)

Da ist ein Mensch allein und kein zweiter teilt mit ihm den Lebensweg. Für wen müht er sich ab? Solange er allein ist, werden seine Begierden nie gestillt. Seine Mühen haben kein Ende und kein Ziel. Vergeblich fragt er sich nach dem Sinn des Lebens. Warum lässt er seine Seele Gutes entbehren? All deine Begierden werden nicht gestillt und deine Seele wird nicht gefüllt, solange du allein bist. Auch wenn du gerne schaust, allein wird dein Auge nicht satt zu sehen; wenn du gerne hörst, allein wird dein Ohr nie zufrieden sein. Wer gerne isst, wird des Essens nicht satt, wer das Geld liebt, wird darin keine Befriedigung finden; denn er ist allein. Gott spricht zu diesem Menschen: „Du Tor, für wen tust du all dies? Was du bereitet hast, für wen wird all dies sein? Es ist nicht gut, dass der Mensch allein ist!" Ja, zwei sind besser dran als ein einzelner Mensch, denn dann lohnt sich die Mühe, dann erhält das Leben Sinn. Stelle dir nur vor, wenn einer von beiden fällt – dann ist jemand da, der ihn aufrichtet. Wehe dem Einzelnen, wenn er fällt. Wenn ein einzelner Mensch im Bett liegt und friert, dann kann er so viele Decken nehmen, wie er will – fehlt ihm ein Mensch, wird ihm nicht warm werden. Doch zwei können sich gegenseitig wärmen. Und stell dir vor, ein einzelner Mensch wird überwältigt. Hilflos ist er allein. Doch zu zweit haben sie Widerstandskraft. Eine Schnur, wenn sie nur aus einem Faden besteht, ist sie schwach. Doch die aus drei Fäden geflochtene Schnur hält besonders viel aus.

(nach Kohelet 4,8-12 unter Einbeziehung von 1,8; 5,9; 6,7)

Ihr Lieben, freut euch, denn der Gott der Liebe und des Friedens wird mit euch sein. (2. Korinther 13,11)

Geht nicht auf in der Sorge für euer Leben, was ihr essen und was ihr trinken sollt, noch für euren Leib, was ihr anziehen sollt! Ist nicht das Leben mehr als die Speise und der Leib mehr als die Kleidung? (Matthäus 6,25)

Freut euch im Herrn allewege! Lasst euer Leben nicht durch Sorgen bestimmen. Setzt Vertrauen auf Gott dagegen. Im Gebet, in Bitten und Danken bringt eure Anliegen vor ihn, und der Friede Gottes, der alles Denken und allen Verstand übersteigt, wird eure Herzen und eure Gedanken bewahren in Christus Jesus. Der Herr des Friedens gebe euch allezeit Frieden. (Philipper 4,4-7 erweitert)

Liebe und Treue werden euch nicht verlassen, und ihr werdet eure Wege in Freundlichkeit und Klugheit gehen. Gott und den Menschen wird das gefallen. Verlasst euch auf Gott von ganzem Herzen, und verlasst euch nicht in erster Linie auf euren Verstand. Gott wird euch führen, wenn ihr euch auf all euren Wegen auf ihn einlasst. Hänge dir seine Wegweisungen um den Hals, dass du sie jederzeit griffbereit hast. Schreibe sie dir auf die Tafel deines Herzens, damit du sie niemals vergisst. Befiehl Gott deine Wege und vertraue auf ihn, so wird er handeln. (Sprüche 3,3-5 erweitert durch 6,21 und Psalm 37,5)

Wer den anderen liebt, hat alle Gebote Gottes erfüllt. Bleibt euch nichts schuldig, aber Liebe schuldet euch jederzeit; denn davon könnt ihr nie genug geben. Ihr wisst, es steht in der Bibel: „Du sollst nicht ehebrechen; du sollst nicht töten; du sollst nicht stehlen." Diese Gebote und alle anderen sind zusammengefasst in dem einen Gebot: „Du sollst deinen Nächsten lieben wie dich selbst." Denn wer den anderen liebt, tut ihm nichts Böses. So ist nun die Liebe die Erfüllung der Gebote. Die Hauptsumme all dessen, was ihr lernen könnt, ist Liebe – Liebe aus reinem Herzen und aus gutem Gewissen und aus reinem Glauben. (Römer 13,8-10 erweitert durch 1. Timotheus 1,5)

Außerbiblische Lesungen / Geschichten

Geschwindigkeit verlangsamen

Schneller als jedes Karussell bewegt sich diese Welt. In der nächsten Sekunde sind wir mit ihr schon 30 Kilometer weiter auf ihrer Bahn. Als Kind, auf dem Kettenkarussell, haben wir Übung darin bekommen, Geschwindigkeit in Gedanken zu verlangsamen. Bei rasender Geschwindigkeit haben sich unsere Blicke getroffen, unsere Hände erreicht, als stünden wir still.

Wie ein Karussell ist diese Welt, immer schneller rast die Zeit. Und doch kann man es schaffen, sich Blicke zuzuwerfen, Hände zu reichen, Worte zu sagen, die Zeit anzuhalten, die Welt stillstehen zu lassen. – Der Ruf: „Ich liebe dich!" kann noch gelingen. Wir haben alles das geübt bei einer Geschwindigkeit, die uns Angst und Freude machte, als wir noch Kinder waren.

Sich in die Augen sehen

Mit einer alten Fabel beschreibt der russische Komponist Schostakowitsch, wie glückliches Zusammenleben gelingen kann: Ein Käfer und eine Raupe lieben sich. Doch plötzlich liegt die Raupe da, eingesponnen und verpuppt. Der Käfer trauert. Da öffnet sich die Larve und ein Schmetterling erscheint. Der Käfer will ihn töten, weil er seine Trauer stört. Da sieht er: Diese Augen sind ihm vertraut. Es sind die der Raupe. Alles an ihr hat sich verändert, nur ihre Augen nicht. Tief blickt er hinein. Beide leben weiterhin glücklich zusammen.

Um miteinander dauerhaft glücklich zu bleiben, muss man einander immer wieder in die Augen sehen. Das ist eine lebenslange Aufgabe und lebenslanges Glück. Nicht allen Paaren gelingt das; viele beginnen irgendwann, aneinander vorbeizuschauen.

Der ewig Kleine Prinz und das Trauversprechen

Vor vielen Jahren begleitete ein kleiner Prinz, der von einem winzigen Planeten gekommen war, den Dichter Saint Exupéry durch die Wüste. Dieser ewig kleine Prinz war seitdem immer wieder mal zurück gekommen, denn er liebte diesen Planeten und die Menschen, für die er den Namen „Wunderbare Wesen" hatte. Diesmal landete er auf einer herbstlichen Wiese direkt neben einem jungen Paar, das unter einem mächtigen Baum saß. „Ich bin der ewig Kleine Prinz", stellte er sich vor. „Ich will euch nicht stören, doch sagt mir: Wieso seid ihr so traurig?" – „Wir wissen nicht, wie es um unsere Liebe steht", erklärte der Mann, „darum sind wir hier: um nachzudenken." – „Vielleicht sollten wir uns trennen", sagte die Frau. „Oh", sagte der ewig kleine Prinz.

Sie schwiegen miteinander, betrachteten die fallenden Blätter, lauschten dem Rauschen des nahen Baches. Der Mann kauerte sich zusammen, die Frau schloss ihre Jacke, als merkten beide jetzt erst, dass es kühl geworden war im Park. Die Frau blickte den ewig kleinen Prinzen an: „Du bist doch Experte in Sachen Liebe. Was kannst du uns raten?" – „Ich", sagte der ewig kleine Prinz, „kenne mich in der Liebe nicht so gut aus wie ihr Menschen. Experte bin ich im Reisen von Land zu Land, von Planet zu Planet und durch die Zeit. Fasst euch an der Hand und nehmt auch meine. Ich nehme euch mit auf eine Reise durch die Zeit, eine kurze Reise nur."

Kaum hatten sich ihre Hände berührt, da standen sie in einer Hochzeitskirche direkt vor dem Altar. „Es gibt neun Millionen Fahrräder in Peking, das ist ein Fakt, das ist so sicher wie die Tatsache, dass ich dich liebe, bis ich sterbe", sprach der Mann, nahm ihre Hand und streifte den Ring auf ihren Finger. Sie nahm seine Hand und sprach: „Wir sind zwölf Milliarden Lichtjahre vom Rand des Universums entfernt, das ist eine Schätzung, niemand weiß es genau. Aber ich weiß ganz genau, dass ich immer bei dir bleiben werde, ein Leben lang." Beide sprachen gemeinsam weiter: „Ich werde niemals müde von der Liebe, die du mir gibst. Du weißt, dass ich dich liebe, bis ich sterbe."

Kaum hatten sie diese Sätze gesprochen, waren sie wieder zurück unter dem Baum im Park. Sie hielten sich weiter an den Händen. „Weißt du noch, wie wir den englischen Liedtext 'Nine million bicycles' übersetzten und unser Trauversprechen daraus machten?", fragte er. „Unsere Liebeserklärung am Traualtar war der Text eines Liedes, das wir damals so sehr mochten", erklärte sie dem Prinzen. „Ja, mit der Zeit vergisst man vieles", sagte der Mann. „Wenn die Erinnerung verblasst, stirbt die Liebe?", fragte der Prinz. „Ist es so bei euch Menschen?" – „Nein", sagte die Frau, „wenn Herzen sich schließen, stirbt die Liebe und es verblasst die Erinnerung an alles Lebenswerte." – „Aha", sagte der Prinz, „das will ich mir gerne merken: 'Wenn Herzen sich schließen, stirbt die Liebe und es verblasst die Erinnerung an alles Lebenswerte.'" Die Frau schaute dem Mann in die Augen. „Wir sind zwölf Milliarden Lichtjahre vom Rand des Universums entfernt, das ist eine Schätzung, niemand weiß es genau, aber ich weiß ganz genau, dass unsere Liebe lebt, wenn unsere Herzen sich öffnen." Bei diesen Worten klang ihre Stimme wie damals am Traualtar.

„Die Herzen der Menschen können sich also verschließen, aber auch wieder öffnen. Ihr Menschen seid so wunderbare Wesen", sagte der ewig kleine Prinz. „Nun muss ich weiterreisen. Vielleicht treffe ich euch mal wieder hier unter dem Baum, dann vielleicht im Frühling."

Man sieht nur mit dem Herzen gut

Es war einmal ein kleiner Prinz auf einem fernen Planeten. Dieser Planet war sehr klein, nicht größer als unsere Kirche. Der kleine Prinz lebte dort allein. Na ja, nicht ganz allein; denn dort wuchs eine Rose, eine einzige Rose, mehr nicht. Der Prinz liebte seine Rose über alles. Wenn sie traurig war, tröstete er sie, wenn der Wind gegen die Blüte blies, umschloss er sie mit seinen Händen, wenn eine Raupe an den Blättern nagen wollte, stülpte er ein schützendes Glas über sie.

Eines Tages musste der Prinz seine Rose für kurze Zeit allein lassen, denn er flog zur Erde. Er landete hier mitten in einem Rosenfeld, sah die vielen Rosen und wurde sehr traurig. „Ich dachte, es gäbe nur eine Rose im ganzen Universum", sagte er, „meine Rose. Ich dachte, sie sei etwas Besonderes. Doch es gibt so viele, und sie sind alle gleich schön. Ich weiß gar nicht mehr, warum ich meine Rose so liebe."

In dem Moment erschien ein Fuchs. „Wer bist du?", fragte der kleine Prinz. „Ich bin ein Fuchs", sagte der Fuchs. „Komm, spiel mit mir", schlug der kleine Prinz vor. „Ich kann nicht mit dir spielen", sagte der Fuchs, „ich bin noch nicht gezähmt! Zähmen heißt, sich vertraut zu machen. Noch bin ich für dich nur irgendein Fuchs, doch wenn du mich zähmst, bin ich einzigartig für dich." Also machte sich der kleine Prinz mit dem Fuchs vertraut. Sie blieben einige Zeit zusammen.

Als die Zeit des Abschieds kam, sagte der Fuchs: „Geh die Rosen wieder anschauen. Du wirst begreifen, dass deine die einzige ist."

Der kleine Prinz ging, die Rosen wiederzusehen. „Ihr seid gar nicht wie meine Rose", sagte er zu ihnen. „Ihr seid, wie mein Fuchs war. Er war nur ein Fuchs wie hunderttausend andere. Aber ich habe ihn zu meinem Freund gemacht, und jetzt ist er der einzige in der Welt. Ihr seid schön, aber ihr seid leer", sagte er noch. „Meine Rose habe ich begossen. Ich habe sie unter den Glassturz gestellt, sie beschützt, sie von Raupen befreit. Ich habe sie klagen und rühmen gehört und manchmal schweigen. Das ist meine Rose."

Er kam zum Fuchs zurück. „Nun wirst du das Geheimnis verstehen", sagte der Fuchs, „das ich dir mitgebe; es ist ganz einfach: **Man sieht nicht gut, wenn man sein Herz nicht benutzt. Denn was das Leben wirklich ausmacht, ist für das Auge unsichtbar.**" Der kleine Prinz wiederholte, um es sich zu merken: „Was das Leben wirklich ausmacht, ist für das Auge unsichtbar." – „Und da ist noch etwas", sagte der Fuchs. „Die Menschen haben diese Weisheit verloren, aber du musst sie festhalten: **Du bist ein Leben lang verantwortlich für das, mit dem du vertraut wurdest.** Du bist für deine Rose verantwortlich." – „Ich bin für meine Rose verantwortlich", wiederholte der Prinz, um es sich zu merken.

Das Geheimnis ewigen Eheglücks

In den italienischen Abruzzen, nördlich von Rom, liegt das Dorf Santo Stefano di Sessanio. Dort erzählt man sich, dass vor langer Zeit, wohl schon zu Beginn des letzten Jahrtausends, eine alte Frau ihrer Enkelin an deren Hochzeitsfest ein Kästchen überreichte. Dazu sprach sie, so ist überliefert: „Du weißt, dass dein Opa und ich uns in jungen Jahren das Jawort für ein gemeinsames Leben gaben. Bis ins hohe Alter lebten wir miteinander glücklich und zufrieden, bis Gott deinen Opa zu sich rief. Oft wurde ich nach dem Geheimnis unseres Glücks gefragt und ich verwies stets auf unseren Schatz. Der Schatz ist dieses Kästchen. Unsere Ehe ist manchmal an Grenzen gestoßen; dann schauten wir in das Kästchen und erhielten neue Kraft und Zuversicht. Vor allem öffneten sich unsere Herzen immer wieder füreinander. Der Inhalt dieses Kästchens war unser Geheimnis; möge dieser kleine Schatz auch eure Liebe für ewig erhalten."

Das Kästchen wurde von Generation zu Generation weitergegeben. Alle, die es besaßen, verband eine ungebrochene, glückliche Liebe. Wie gerne hätten die anderen Menschen im Ort erfahren, welche Bedeutung es mit dem Schatz hatte, doch der Inhalt blieb das Geheimnis der Paare – bis zu dem Tag, da eine Frau ohne Nachkommen in hohem Alter starb. In ihrem Nachttisch fand man den Schatz. Dieser sollte nun gemeinsamer Besitz werden und man öffnete das Kästchen in Anwesenheit aller Bewohner des kleinen Ortes. Welch eine Spannung. Was für einen Schatz würde es enthalten? Die Enttäuschung war groß, als man darin nur ein Blatt Papier fand, und größer noch, als man sah, dass es leer war. Man konnte lediglich erkennen, dass es einst einen Text enthalten hatte, doch die Tinte war zur Unkenntlichkeit verblasst.

„Es ist doch eindeutig", rief jemand, „was auf diesem Blatt stand. Es kann nur eine alte Volksweisheit über das Glück der Ehe gewesen sein." – „Ach nein, es war sicher ein Bibelvers über die Liebe", entgegnete eine Frau. Ein Nachbar glaubte dagegen zu wissen, dass das Blatt den Trauspruch oder das Treuegelöbnis einer Urahnin enthielt.

Es zeigte sich, dass niemand sicher war, was einst auf dem Blatt geschrieben stand. Sicher ist aber, dass seit diesem Tag jede Braut zur Hochzeit ein Kästchen als Geschenk erhält, dessen Inhalt ein Geheimnis bleibt. Verbunden wird dieses Geschenk seit jeher mit der Bitte, es sorgfältig zu verwahren, das Geheimnis zu hüten und immer wieder mal hineinzuschauen, um sich des Schatzes zu vergewissern.

Seither – und das sind nun Jahrhunderte – ist dies der Ort mit der geringsten Scheidungsrate Italiens, sicher auch Europas, wenn nicht der ganzen Welt. Niemand kann sich erinnern, dass hier je ein Paar das Versprechen ewiger Liebe und Treue brach. Fragt man im Ort nach dem Grund für so viel Eheglück, lautet die Antwort: „Oggi abiamo noi cassetina", was bedeutet: „Wir haben ja unsere Schatzkästchen!"